大川隆法

Ryuho Okawa

みんなの党は誰の党？

渡辺喜美代表守護霊
破れかぶれインタビュー

まえがき

政党党首シリーズの一環《いっかん》として、公平を期《き》して、渡辺喜美代表の守護霊にご登場願った。

お父様同様、本音でズバズバ言って下さるので、私としては、こういう飾《かざ》らないタイプは、基本的に好感を持って受けとめている。野党なので多少角《かど》ばった発言もなされているが、存在感を誇示《こじ》しなければ、分裂か、消滅か、吸収される運命を感じておられるのだろう。

確かに組織力、事務所展開力、資金力、政策構想能力を、それぞれ分析しても、「維新」同様、三年後あるかどうかは判《わか》りかねるところはある。良くも悪くも渡辺喜美氏のワンマン・カリスマ党ではあろう。新たな仕かけをしない限り、余命《よめい》は見えている。しかし、日本改革の意志だけは何とか後世に遺《のこ》して頂きたいものだと思う。

二〇一三年　八月二十日

幸福実現党総裁《こうふくじつげんとうそうさい》　大川隆法《おおかわりゅうほう》

みんなの党は誰の党？　目次

みんなの党は誰《だれ》の党？

——渡辺喜美《わたなべよしみ》代表守護霊《しゅごれい》・破れかぶれインタビュー——

二〇一三年八月十三日　渡辺喜美守護霊の霊示《れいじ》
幸福の科学「奥《おく》の院精舎《いんしょうじゃ》」にて

2　他党と連携《れんけい》できない原因　28

5　経済政策の背景にあるもの　137

6 外交スタンスを明かす 152

「霊言現象《れいげん》」とは、あの世の霊存在の言葉を語り下ろす現象のことをいう。これは高度な悟《さと》りを開いた者に特有のものであり、「霊媒現象《れいばい》」（トランス状態になって意識を失い、霊が一方的にしゃべる現象）とは異なる。

また、人間の魂《たましい》は原則として六人のグループからなり、あの世に残っている「魂の兄弟」の一人が守護霊《しゅごれい》を務めている。つまり、守護霊は、実は自分自身の魂の一部である。したがって、「守護霊の霊言」とは、いわば本人の潜在《せんざい》意識にアクセスしたものであり、その内容は、その人が潜在意識で考えていること（本心）と考えてよい。

なお、「霊言」は、あくまでも霊人の意見であり、幸福の科学グループとしての見解と矛盾《むじゅん》する内容を含《ふく》む場合がある点、付記しておきたい。

みんなの党は誰《だれ》の党？

——渡辺喜美《わたなべよしみ》代表守護霊《しゅごれい》・破れかぶれインタビュー——

二〇一三年八月十三日　渡辺喜美守護霊の霊示《れいじ》
幸福の科学「奥《おく》の院精舎《いんしょうじゃ》」にて

渡辺喜美《わたなべよしみ》（一九五二〜）

政治家（衆議院議員）、みんなの党代表。栃木《とちぎ》県那須《なす》郡西那須野町（現・那須塩原《しおばら》市）生まれ。早稲田《わせだ》大学政治経済学部政治学科および中央大学法学部卒。父である故・渡辺美智雄《わたなべみちお》衆議院議員の秘書を務め、一九九六年、父の地盤《じばん》を継承《けいしょう》して衆議院議員に初当選（以降、六期連続当選）。第一次安倍晋三《あべしんぞう》内閣では、内閣府特命担当大臣として、「規制改革」「国・地方行政改革」「公務員制度改革」「道州制」等を担当し、安倍改造内閣や福田康夫《ふくだやすお》内閣でも特命相《とくめいしょう》を務めたが、二〇〇九年一月に自民党を離党《りとう》し、同年八月、みんなの党を結成、代表に就任した。

質問者　※質問順

武田亮《たけだりょう》（幸福の科学副理事長 兼《けん》 宗務《しゅうむ》本部長）

石川雅士《いしかわまさし》（幸福の科学宗務本部第一秘書局局長代理）

［役職は収録時点のもの］

1 「みんなの党」の未来を読む

渡辺《わたなべ》代表の出身地にある、幸福の科学の総本山や学園

大川隆法　政党シリーズの霊言《れいげん》で、各政党をいろいろ調べてきたのですが、「みんなの党」だけ、手を付けずに残しておいたので、不思議に思われているかもしれません。

最初は、社民党だけで止《と》めようかと思ったのですが、共産党を行い、公明党、民主党と、しだいに数が増えてきました（注。二〇一三年の七月から八月にかけて、本収録以前に、社民党、共産党、公明党、民主党の各党首の守護霊《しゅごれい》霊言を収録し、書籍化《しょせき》した。巻末の関連書籍を参照）。

ここまで来たら、公平を期《き》して、全部を〝開《あ》け〟なくてはいけないでしょう。維新《いしん》の会に関しては、去年、やっていますし、自民党についても何度かやっているので、「みんなの党」もやらざるをえないと思います（注。日本維新の会、自民党の

党首については、二〇一二年から二〇一三年にかけて、守護霊霊言を収録し、書籍化した。巻末の関連書籍を参照)。

ただ、渡辺喜美《わたなべよしみ》さんの守護霊霊言については、何となくやりにくい感じが私にはあって、これまでやらなかったのです。

というのも、渡辺さんは、栃木《とちぎ》県那須《なす》郡西那須野町、現在の那須塩原《しおばら》市のご出身であり、そこは、幸福の科学の総本山の一つである那須精舎《しょうじゃ》の地元です。そこには、那須精舎もあれば、幸福の科学学園中学校・高等学校もあって、渡辺さんの支援《しえん》者たちに囲まれているわけです。

当会は、「ご近所の方々とも仲良くやっていきたい」という方針を採っているので、ここ(みんなの党)とは仲良くやっていきたい気持ちもありますし、那須精舎ができたとき、渡辺喜美さんは参拝《さんぱい》に来てくださいました。

実は、那須精舎の土地は、渡辺さんのところが、かつてのバブル期にゴルフ場として開発に入ったものの、一回もゴルフをすることなく計画が潰《つぶ》れてしまい、十数年間、ペンペン草が生えていた所だったのです。

その土地を、「幸福の科学が精舎に使ってくれる。助かった」ということで、向こうは喜び、感謝してくれました。そういう関係もあり、コメントしづらいので、私は渡辺喜美さんについて黙《だま》っていたのです。そういう経緯《けいい》があります。

故・渡辺美智雄《わたなべみちお》氏は庶民性《しょみんせい》があり、憎《にく》めないタイプの人

大川隆法　ただ、当会は、お父さんである故・渡辺美智雄《わたなべみちお》氏に献本《けんぽん》をしたりしていたので、その当時から、いろいろと交流はありました。

お父さんは、幸福の科学と相性《あいしょう》が悪い人ではないというか、どちらかといえば、当会に親近感のある人で、当会の広報部の人などが、何かのパーティーのときに献本に行くと、喜んで本を受け取ってくれる人でした。

例えば、私が『幸福の科学興国論』（一九九四年十二月、幸福の科学出版刊）を出したときに、それを献本されたところ、大勢の人がいる前で、「おう！　幸福の科学かあ。頑張《がんば》っとるなあ。いつも、いいことを言っている」というような返答だったそうです。

渡辺さんのお父さんは、そんな人でした。人間的には、庶民性《しょみん》もある、非常に面白《おもしろ》

い人でしたし、私としても、どちらかといったら、好きなタイプではあったので、「渡辺美智雄さんが総理になれなかったのは残念だ」と思っています。

美智雄さんの生前に、テレビ番組で見たのですが、彼は、高輪《たかなわ》の衆議院議員宿舎から何かに単身赴任《ふにん》で来ておられ、朝、「健康にいいんだあ」と言って、ミキサーでつくった青汁《あおじる》をグイッと飲んでいました。

田舎《いなか》の人らしい雰囲気《ふんいき》と、何とも言えない、泥臭《どろくさ》い庶民性のようなものがあって、憎《にく》めないタイプの人でした。私は、こういうタイプの人にわりと弱く、どうしても悪く思えないのです。

渡辺代表は、父親同様、「大放言」をするタイプ

大川隆法　私は、息子《むすこ》さんの喜美さんについても、お父さんに外見《がいけん》が似ているので、似たような印象を持っています。

喜美さんの場合、お父さんと比べると、まだ、やや角《かど》の立つような発言が、ときどき目立つように思われますが、「みんなの党」は野党なので、これには、しかたがな

い面もあると思います。「多少は、角張《かどば》ったことも言わないと、存在意義がない」というところもあり、小さな党として、その存在感を主張する意味で、けっこう厳しい意見を言ったりもしているのでしょう。

そういうことで、今日は、「みんなの党」という党を率いている渡辺代表の本音や背景、考え方、戦略などを、いろいろと探《さぐ》っていきたいと思います。

お父さんは「大放言」をするタイプの人だったので、この人も、その気《け》を引いてはいます。学校時代には秀才《しゅうさい》ではあったのでしょうから、ある程度、理性的にチェックが効いている面もあろうとは思いますが、本質的には、「べらんめえ調」で、何でも言うようなところを持っているのではないでしょうか。

そのため、守護霊のレベルになると、けっこう本音が出るのではないかと思います。ある意味では、幸福実現党の釈量子《しゃくりょうこ》党首（守護霊）の、「ちょっと言いすぎたかな」と思ったところを、消してくれるような面があるかもしれません（笑）（『釈量子の守護霊霊言』〔幸福実現党刊〕参照）。それを期待しているところもあります。

三年後に残っているのは、どの政党か

大川隆法　今日の新聞を見ると、民主党の海江田《かいえだ》代表も、「みんなの党」や「維新」を取り込《こ》む意向を持っているようなので、実際に、このへんは取り合いになっているのではないでしょうか。そういう気がします。

今、自民党は、「維新」や「みんなの党」を取り込み、さらに、公明党を一生懸命《いっしょうけんめい》に説得して、憲法改正勢力をつくり上げたいだろうと思います。おそらく、それが自民党の基本戦略でしょう。

逆に、民主党のほうは、「維新」や「みんなの党」を切り崩《くず》し、自民党から離《はな》していけば、憲法改正はできなくなると思っているため、このへんで今、両党が綱引《つなひ》きをしており、ある意味で、〝花嫁《はなよめ》〟というか、〝ガールフレンドの取り合い〟のようになっています。

「みんなの党」には、今回の参院選で、「自分たちが思っていたほどには伸《の》びなかった」という面もあったと思われますし、今後も、党勢拡大については、やはり、厳し

い面があるでしょう。

「みんなの党」は、一時的なもので終わるのか。それとも、もう少し大きなものとなり、中間勢力を吸収していくのか。自民党と共産党だけになるわけにはいかないので、中間部分を吸収していく力になるのか。このへんは気になるところです。

ただ、「みんなの党」に資金力や組織力等があまりないのは見えています。渡辺さん個人のカリスマ的人気で票を集めてはいるものの、事務所を十分に持てておらず、スタッフも十分に雇《やと》えず、お金も十分ではありません。

そういう意味では、「維新」も同じです。橋下《はしもと》さんなどの個人人気に依存《いぞん》して党を立ち上げたものの、十分な組織もお金もありません。「追い風が吹《ふ》いて、当選するのではないか」と思い、国会議員が集まってきて、できたのですが、先が分からない状態なのです。

長谷川慶太郎《はせがわけいたろう》さんは、先日、「今から三年後には、『維新』『みんなの党』『みどりの風』『生活の党』といった、中間にある政党は、みな、なくなっているだろう」というような予想を立てておられました。

「さらに、民主党にも、崩壊《ほうかい》、あるいは壊滅《かいめつ》の危機が来て、党がなくなる可能性だって、ないわけではない。もし、民主党が草刈《くさか》り場《ば》になり、保守系と左翼《さよく》系とに割れたりしたら、そのまま消滅していく可能性もある。

共産党は、なくなりはしないだろうけれども、これ以上、勢力が伸びることは、考えられない。今は、単に、自民党への批判票が入っているだけだ。

社民党は、もう、なくなりそうである。

自民党と公明党と共産党は残るけれども、あとの党があるかどうか、分からない」

長谷川慶太郎さんの読みは、このようなものでした。

一般《いっぱん》的に考えても、「三年たてば、もしかしたら、ないかもしれない」と思われる感じが、中間的な党にはあります。

現に、「みどりの風」は、参院選の党首討論等には参加していましたが、その本人も落選してしまい、党自体がもうなくなると思います。

社民党も、国会議員が（政党要件を満たす）五人ギリギリになったので、次のときには、なくなる可能性が高いでしょう。私は、社民党に対し、『そして誰《だれ》もいなくなった』という、やや失礼な題を付けた本を出したのですが、参院選後、福島《ふくしま》党首が辞任したため、ギリギリで当選した又市《またいち》さんが、今、党首代行をしています。しかし、「次は、もう危ないだろう」と思われます。

この次には、自民党が一党独裁型の巨大《きょだい》な政党になるのでしょうか。あるいは、自民党にも内紛《ないふん》が起きて、また分裂《ぶんれつ》するのでしょうか。

民主党は、残るのでしょうか、残らないのでしょうか。

「みんなの党」は何らかの役割を果たすことができるのでしょうか。

「みんなの党」も、下手に合従連衡《がっしょうれんこう》をして連立を組むと、吸収されてしまう可能性がないわけではありません。

今、「みんなの党」に対しては、自民党から、「改憲への誘《さそ》い」が来ているでしょう。改憲に関し、「みんなの党」が目指している部分や「維新」が目指している部分も入れて、「一緒《いっしょ》にやるぞ」というようなかたちでの誘惑《ゆうわく》が、おそらく来ているであろうと思われます。

渡辺代表は、このへんのところを、本音では、どう思っておられるのでしょうか。

今日は、それを聞き出せたらよいと思っています。

大臣として公務員制度改革や道州制を担当した渡辺氏

大川隆法　渡辺喜美さんは、早稲田《わせだ》大学を出てから中央大学も出て、父である渡辺美智雄衆議院議員の秘書となり、父親の大臣就任に伴《ともな》って、いろいろな大臣の秘書官等も務めましたが、お父さんが一九九五年に亡《な》くなられたあと、その地盤《じばん》を継承《けいしょう》し、一九九六年に衆院選に出馬して初当選しました。以後、六回当選です。

二〇〇六年発足《ほっそく》の第一次安倍《あべ》内閣で、まず内閣府副大臣になり、次に、「規制改革」「国・地方行政改革」「道州制」等の担当大臣となって、道州制ビジョンをつくったりしました。そのあと、安倍改造内閣や福田康夫《ふくだやすお》内閣で、「金融《きんゆう》」「国・地方行政改革」「公務員制度改革」の担当大臣も務めておられます。

二〇〇九年には、自民党を離党《りとう》して、「日本の夜明け」を立ち上げ、それから、新党「みんなの党」を結成しました。

今のところ、「みんなの党」は存続していますが、今日は本音のあたりを放言していただければありがたいので、そのへんを上手に訊《き》いてくだされればと思います。守護霊霊言は釈党首もやったことなので、警戒心《けいかいしん》を解き、鎧兜《よろいかぶと》を脱《ぬ》いで、ひとつ、思いの丈《たけ》を、言いたい放題、言っていただきたいものです。ほかの党についても、言いたいことがあったら、ガンガン言っていただき、幸福実現党にも、言いたいことがあれば、言っていただければ幸いです。

「みんなの党」の代表、渡辺喜美氏の守護霊を招霊《しょうれい》する

大川隆法　以上を前置きとして、呼んでみたいと思います。

題して、「みんなの党は誰の党?」ということですが、最後にクエスチョン・マークが付いておりまして、ここに少し疑問がないわけではありません。

「みんなの党」は、党名を英語では“YOUR PARTY《ユアパーティー》”と言っているのですが、何か、渡辺さん一人になってきつつあるように感じられます。渡辺さんは、一緒にやっていた江田憲司《えだけんじ》さんとも、先日、喧嘩《けんか》別れをなさったようなので(注。江田氏は幹事長を解任された)、「みんなの党」は、小さいながら、分裂の危機を迎《むか》えており、草刈り場

になる可能性もあると思います。

渡辺さん（守護霊）は、ここで、しっかりと自己主張をしていただいたほうがよいのではないでしょうか。

それでは、そろそろ始めます。

（合掌《がっしょう》し、瞑目《めいもく》する）

「みんなの党」の代表であります、渡辺喜美さんの守護霊を、お呼び申し上げたいと思います。

渡辺喜美代表の守護霊よ。

渡辺喜美代表の守護霊よ。

どうぞ、幸福の科学にご降臨たまいて、われらに、政治に関する見識、この国のあり方に関する見識、各党に対する見識、政治改革に対する見識等をご披露《ひろう》くだされば、まことに幸いに存じます。

よろしくお願い申し上げます。

渡辺喜美さんの守護霊よ。

どうぞ、われらに力をお貸しくださいませ。

（約五秒間の沈黙《ちんもく》）

2　他党と連携《れんけい》できない原因

登場早々、「総理大臣以外にすることはない」と豪語《ごうご》

渡辺喜美守護霊　ああっ……。さてと……。

武田　おはようございます。

渡辺喜美守護霊　なんか、「ここに出ると、党が潰《つぶ》れる」という噂《うわさ》が……。

武田　噂がございますか。

渡辺喜美守護霊　噂が出てるな。

武田　そうですか。

渡辺喜美守護霊　「陰《かげ》の目的がそうらしい」というような……。

武田　いえいえ。

渡辺喜美守護霊　「議員に当選して党がつくれないので、悔《くや》し紛《まぎ》れに、ほかの党を順番に潰している」という話じゃないか。ああ？

武田　（笑）いやいやいや。

渡辺喜美守護霊　君らは、そういう悪どいことを陰でやったらいかんよ。ええ？

武田　今日は、そういった趣旨《しゅし》ではございませんので。

渡辺喜美守護霊　わしの失言を引き出そうというのは、いかんよ。

武田　いやいや。

渡辺喜美守護霊　本人だって、失言しないように、一生懸命《いっしょうけんめい》、頑張《がんば》っとるんだからさ。

石川　今、力強いリーダーが要求されていると思います。

渡辺喜美守護霊　うーん、そうだな。そりゃそうだよ。

石川　ええ。ですから、渡辺さんのいいところも、ぜひ……。

渡辺喜美守護霊　わしは、本当は、総理大臣以外にすることがないんだ。

武田　そうですか。素晴《すば》らしいですね。

渡辺喜美守護霊　なんで、こんな小さい党をやっとらないといかんのか。さっぱり分からんわ。安倍《あべ》さんなんかより、わしのほうが、よっぽど総理大臣に向いとると思わんか。

武田　（笑）

石川　そうですね。

渡辺喜美守護霊　そう思うだろう？

「栃木県《とちぎ》」でつながる渡辺代表と幸福の科学の縁《えん》

石川　以前、当会の総本山・正心館《しょうしんかん》にも来られたことがありました。

渡辺喜美守護霊　そうなのよ。君たちのところには、いろいろ挨拶《あいさつ》回りもちゃんとしたのにさ。まさか、君らは、うちの党を潰そうとしてるんじゃないか。

武田　そういうつもりはないです。

渡辺喜美守護霊　これは、「みんなの党」じゃなくて、「幸福の科学党」かなんかにしようとしてるんじゃないか。え？　え？　けしからんなあ。

武田　いやいや。今日は、もう、渡辺代表の思いの丈《たけ》を存分に語っていただいて、むしろＰＲしてください。

渡辺喜美守護霊　君らねえ、「那須で学園をやって、あんなところで墓参りをさせようう」っていうんだったら、僕《ぼく》らと喧嘩《けんか》するわけにいかんだろうよ（注。総本山・那須精舎の境内地《けいだいち》には幸福の科学の霊園《れいえん》である「来世幸福園《らいせこうふくえん》」がある）。

武田　ええ、そうです。

渡辺喜美守護霊　それなら、われらは分離《ぶんり》するわけにはいかん。一体なんだ！

武田　ええ、喧嘩するつもりなど、まったくございません。

渡辺喜美守護霊　栃木《とちぎ》県の発展のために尽《つ》くしとるんだから。お互《たが》いさ。

武田　（笑）分かりました。

渡辺喜美守護霊　「みんなの党」と幸福の科学が、栃木県の発展のために尽くしとるんだからさ。もう本当に、日本は栃木県が残りゃあ、あとはいいのよ。

武田　栃木県が中心?

渡辺喜美守護霊　ああ、首都は栃木だ。

武田　栃木なのですね。

渡辺喜美守護霊　うん。栃木が首都なんだ。

武田　分かりました。

維新《いしん》の会との喧嘩《けんか》別れで「風がやんだ」

武田　では、まず、現在、八月の中旬《ちゅうじゅん》に差し掛《か》かっておりますが（収録当時）、今回の選挙を振《ふ》り返りながら、今のところのご感想や今後について、お伺《うかが》いできますか。

渡辺喜美守護霊　ああ、面白《おもしろ》うないねえ。なんか全然、勢力拡張にならんかったよな。「風がちょっと凪《な》いだ」というか、「やんだ」というか。もう一丁だなあ。

武田　その理由を、どのように分析《ぶんせき》されていますか。

渡辺喜美守護霊　うーん。あの「維新《いしん》」の橋下《はしもと》市長の〝従軍慰安婦《じゅうぐんいあんふ》〟で、六月ごろから、みんな、あれをいじめにかかっとったんだからな。

武田　ええ。

渡辺喜美守護霊　まあ、あそこで票を減らしたけどさ。票は減らしたけど注目を集めたわな。あいつの独特の手法だよ。
それで、結局、「維新」と喧嘩《けんか》別れしたかたちになったじゃないか。

武田　そうなんですよね。

渡辺喜美守護霊　それが、なんか、「期待感が膨《ふく》らむ」ということに対しての追い風じゃなくて、逆風になったかなあ。
「『維新』と『みんな』が協力して、保守の、自民の補完勢力みたいなのが、ガーッと大きくなるんだったら、あるいは憲法改正が行くか」っていうような期待は、一部あったわな。それが、ちょっと喧嘩しちゃったために、なんか風がやんだような感じがあるなあ。

「新聞は『橋下大阪《はしもとおおさか》市長の闇《やみ》権力』こそ叩《たた》け！」と叱《しか》る

武田　喧嘩しないように、うまく連携《れんけい》していくことは無理だったのですか。

渡辺喜美守護霊　（舌打ち）あの、橋下《はしもと》の田舎者《いなかもん》がなあ。あれは、もうどうしようもないよな。

武田　（苦笑）田舎者ですか。

渡辺喜美守護霊　あいつ、党の代表とか、自分が国会議員になってからやれよ。

武田　はい。

渡辺喜美守護霊　君ねえ、なんで大阪《おおさか》市長が国会議員を束ねて党首をやるわけよ。

武田　ええ。

渡辺喜美守護霊　あとは、あの石原《いしはら》のとっつぁん（石原慎太郎《しんたろう》氏）なんかも、脳梗塞《のうこうそく》で入院しよったから、もう党がないんじゃない？

武田　うーん（苦笑）。

渡辺喜美守護霊　橋下が、「大阪市長の会」か、あるいは、「全国市長の会」の会長になるならいいよ。なあ？

それは許される。まあ、東京がやるべきだけど、東京の市は小さいのしかないからさ。ちっちゃな市はあるけど、東京市っていうのはないから、大阪市が「やる」って言うんなら、大阪市長が「全国市長の会」の会長をやるのはいいと思う。代表でもいい。だけど、「国会議員を束ねての政党の党首」っていうのはおかしい。自分は議席も持っとらんし、「出る気もない」って言うんでしょう?

武田　そうですね。

渡辺喜美守護霊　「大阪都《と》をつくって、大阪改革をするために、国会議員にはなれない」と言って政党をやってるなら、こんなの公然たる闇《やみ》権力じゃないか。新聞は、これを叩《たた》かないといかんのだ。

武田　そうですね。

渡辺喜美守護霊　〝従軍慰安婦〟じゃなくて、こっちの闇権力を叩かないといかん。「市長が国会を牛耳《ぎゅうじ》って構わんのか」と。おかしいじゃない?

世代交代が分からない石原慎太郎《いしはらしんたろう》氏への引退勧告《かんこく》

渡辺喜美守護霊　石原《いしはら》のとっつぁんも、何だ？　あれは、首相になりたくて出てきたんだ。都知事を辞《や》めてな。なれんことが分かったのなら、辞めたらいいんだよ。もうなれんのだ。

武田　（苦笑）（会場笑）

渡辺喜美守護霊　もう、息子《むすこ》の代になっとるのが分からんのか。あの親父《おやじ》さんのおかげで、今、息子は、みんな駄目《だめ》になりつつあるな。

武田　そうですね。

渡辺喜美守護霊　いなかったら、長男だって首相候補で、ちょっとは株が上がったのに、とっつぁんがウロウロするからさ。自民党の敵になって出てきたりするから引っ込《こ》められてるんだ。やっぱり、「敵の味方」は「敵」だよな。もう、全然、作戦が図に当たっとらんわ。

米軍司令官との面会は「大阪《おおさか》市長の分《ぶん》を超《こ》えている」

武田　なるほど。ごもっともなご意見だと思います。

渡辺喜美守護霊　ああ、もう言い尽くした。もう帰ろうかぁ。

武田　いや！　ただ……。

渡辺喜美守護霊　もう、だいたい言った。

武田　（笑）いや、ちょっと待ってください。この件に関しても……。

渡辺喜美守護霊　もう、パンフレットぐらいならつくれるぞ、パンフレットぐらい。それでいいわ。厚い本をつくられて、うちの党がなくなったら困るからな。これ以上、失言が多いと……。

武田　そのご意見は分かりましたが、それでは、参院選直前に「維新」との連携を解消した理由にならないと思うのです。

渡辺喜美守護霊　うーん？

武田　そもそもの話、その党と連携していこうとしたときに……。

渡辺喜美守護霊　だから、橋下はなあ、やっぱり、あいつ、一回殴《なぐ》ってやらないといかんわ。頭をかち割らないと。

武田　そこまでですか。

渡辺喜美守護霊　だからね、さっきから言ってるけど、市長の分際でさあ、分《ぶん》を超《こ》えとるわな。沖縄《おきなわ》まで行って、余計なことを言うなよ。なあ?

武田　ああ、はい。行きましたね。

渡辺喜美守護霊　大阪《おおさか》市長に、何の関係があるんだ。なあ? 沖縄まで行って、米軍のトップと会ってさ、「風俗《ふうぞく》を使ってください」って言うなんて、もう、大阪のおっさんをどうにかしてくれよ。ねえ?

「大阪のアングラマネー経済を発展させたいから、大阪へ来て遊んでください」って言うのなら分かるよ。大阪招致《しょうち》だろう?

「米兵は、みんな大阪へ来てください。大阪で接待いたします。ちゃんと米兵のための、そういう居留地をつくりますので、その大阪特区へ行ってください。大阪の一部特区に、大阪の風俗のきれいどころを全部集めますので、安うしときます。半額にしますから、日本全国に散っとる米兵は、全部、大阪へ来てください。あとの県では、もう迷惑《めいわく》をかけないでください。うちが引き取ります」って言うなら、まあ、話は分かるよ。

武田　うーん……。

渡辺喜美守護霊　な？　これなら分かる。ただ、大阪にいてさあ、おめえは外務大臣か。なあ？

武田　ああ、はい。そうですね。

渡辺喜美守護霊　ええ？　外務大臣の気持ちか。何、考えてんだ？

首都移転は〝過去の都市〟大阪《おおさか》ではなく栃木《とちぎ》県にすべき？

石川　ただ、渡辺代表は、「道州制」や「地域主権」を、ずっと主張されていますよね。

渡辺喜美守護霊　まあ、それはなあ、ちょっと重なっとったんだけどなあ。

石川　ええ。今、おっしゃっているようなことを聞くと、地方のほうに力が行きすぎては、やはり、さまざまな混乱が……。

渡辺喜美守護霊　いやあ、本当は、地方は栃木《とちぎ》県だけでいいのよ。本音を言えばね。

武田　（苦笑）本音を言えば……。

渡辺喜美守護霊　栃木県は大事だ。だから、「大阪《おおさか》に首都を持っていこう」っていうのは、けしからん考えだな。許せん！

武田　あ、そこが許せない？

渡辺喜美守護霊　大阪は、もう〝過去の都市〟だろうが？　ええ？　もう過去だよ。豊臣秀吉《とよとみひでよし》の時代なんだからさ。

武田　なるほど。

渡辺喜美守護霊　大阪が繁栄《はんえい》しとった時代は、もう要《い》らんのだ。

石川　うーん。

渡辺喜美守護霊　だから、今は、栃木に首都移転しないといかん時期が来てるんだよ。栃木《とちぎ》県人以外は全員〝エイリアン〟？

石川　ただ、例えば、新潟《にいがた》における東電《とうでん》の原発再稼動《さいかどう》の問題にしても、市町村レベルでは、「原発を動かしたほうがいい」という意見なのですが、県知事の泉田《いずみだ》さんなどが反対しているので、なかなか動かせません。

渡辺喜美守護霊　うーん。

石川　日本の政治には、もともと、アメリカの大統領制のようにスキッとしていないものがあるのですが、「地方分権」や「道州制」を進めると、さらに混乱に拍車《はくしゃ》をかけるのではないかという懸念《けねん》があると思うのです。

渡辺喜美守護霊　まあ、そらあ、地方の利害はあるよな。

でも、栃木《とちぎ》県に首都を持ってきたらさ、山を越《こ》えたら福島だから、福島の復興が早くなるよ。なあ？　山にバイパスを開《あ》けて、もっとガンガンやらなきゃな。

石川　いや、あまり栃木に重点を置きすぎて、"YOUR PARTY《ユアパーティー》"が「栃木県のパーティー」になると、まずいのではないですか。

渡辺喜美守護霊　いやいや、"YOUR PARTY"の"YOUR"は、栃木県民のことなの。

石川　それはまずくないですか（苦笑）。

渡辺喜美守護霊　"You《ユー》"っていうのは栃木の人たちで、あとは"Foreigner《フォリナー》"（外国人）で、もう、あれは〃エイリアン〃だからさ。

石川　（笑）そうですか。

渡辺喜美守護霊　栃木県人以外は、みんな〝エイリアン〟なんだ。

「『道州制』の本当の意味は『栃木遷都《とちぎせんと》』だ！」と繰《く》り返す

武田　そうしますと、今後、橋下代表の「日本維新の会」とは、やはり連携できないのでしょうか。

渡辺喜美守護霊　首都にするのに、「大阪」対「栃木《とちぎ》」だったら、日本国民が国民投票すれば、大阪のほうが有利じゃないか。

武田　（笑）

渡辺喜美守護霊　そう思わんか。

武田　まあ、そうでしょうね。

渡辺喜美守護霊　結局、「地域主権」「道州制」と言ったってさあ、もう、「道州制」なんかは権力闘争《とうそう》だからねえ。

だから、大阪に取られるぐらいだったら、そらあ、東京のほうが近い。東京に首都があったほうが、栃木には有利なんだ。大阪へ持っていかれたら、もう圧倒的《あっとう》に寂《さび》れるじゃん。

石川　いや、まあ……。

渡辺喜美守護霊　許せんわ！

そう言ったって、あんた、私らには、餃子《ギョーザ》と、「とちおとめ」っていうイチゴと、あと、もうちょっとしかないんだからさ、売りものが。

石川　確かに、東京で大地震《じしん》が起きた場合を想定して、「栃木に首都機能を一部移したらどうか」という話が持ち上がったこともありましたが。

渡辺喜美守護霊　あ、そうだ。餃子は日本一。あと、イチゴがいいのと、栃木米と、それと幸福の科学ぐらいしか、栃木には売るものがないんだからさ。

武田　そうですね。はいはい。

石川　ただ、「みんなの党」が党勢を拡張するには、あまり「栃木、栃木」と言いすぎないほうがよろしいのではないでしょうか。

渡辺喜美守護霊　いや、栃木だ。やっぱり栃木だよ。

武田　しかし、実際、地上の渡辺さんは、そこまでおっしゃっていないですよね?

渡辺喜美守護霊　いやあ、俺《おれ》は父の遺志《いし》を継《つ》いどるんだ。安倍《あべ》さんがおじいさんの遺志を継いで、憲法改正をやろうとするように、わしも父の遺志を継いで、「栃木遷都《せんと》」に燃えとるんだ。「道州制」の本当の意味は、「栃木遷都」なんじゃ。

武田　分かりました。

橋下大阪《はしもとおおさか》市長への怒《いか》りを隠《かく》せない渡辺代表守護霊

武田　では、最後の確認ですが、「『日本維新の会』とは、根本的に相容《あいい》れず、もう連携できない」ということでよろしいのですね。

渡辺喜美守護霊　うーん……。ああいう小童《こわっぱ》は、どうにかせんとな。あいつなあ。

武田　ああ。

渡辺喜美守護霊　飛んだり跳《は》ねたりして、あれは、わしの十何年も後輩《こうはい》なんだ。

武田　はいはい。

渡辺喜美守護霊　わしは、早稲田《わせだ》の「お政経」なんじゃ。「お政経」を出とるんじゃ、いちおうな。

武田　分かりました。

渡辺喜美守護霊　政経を出て、テレビに出て、あんなに顔を売りやがって、あのガキは、ほんとに。

石川　〝従軍慰安婦〟の発言で、橋下《はしもと》さんが、かなり叩かれたわけですが、叩かれなかったら、そのまま連携を進めていたのではないかと思うのです。

渡辺喜美守護霊　うーん……、まあ……。

石川　例えば、候補者に関しても、「調整して、同じ選挙区に出ないようにしよう」とか、そういうことがあったと思うのです。

渡辺喜美守護霊　いやあ、わしはねえ、あんな品性のない人間とは違《ちが》うんだよ。わしは品性が高いからさ。もう栃木の貴族だから、品性が全然違うんだよ。

武田　なるほど。では、「駄目だ」ということですね？

渡辺喜美守護霊　まったく、あんな大阪《おおさか》の道頓堀《どうとんぼり》あたりで、「ギャアッ」と興奮《こうふん》して飛び込むやつらと、全然品性が違うんだ。

石川　では、本音ベースでは、「『維新』と組むのは、なかなか難しい」ということなのですか。

渡辺喜美守護霊　ええ？　まあ、一部似てるところもあるように見えるかもしらんけど、あのガキがさあ、ほんっとに、早稲田の十何年も……、十五年だ。いや、もっとかなあ。

武田　後輩なんですね？　なるほど。

渡辺喜美守護霊　後輩のガキんちょが偉《えら》っそうに日本の国を引きずり回してるんだ。あの〝金魚の糞《ふん》〟は、本当に、もう、どうにかせんといかんわなあ。

石川　いや、いちおう、衆院選前に「維新」のほうが……。

渡辺喜美守護霊　ちゃんと衆議院に立候補して、当選してから言えよ。当選してから。

「反原発」を唱えている本当の理由は「人気取り」

石川　ところで、「太陽の党」という、一瞬《いっしゅん》だけできた党があったと思います。

渡辺喜美守護霊　ああ。あの、〝太陽のたちあがれない日本〟とか、いろいろあったわなあ。

石川　（苦笑）ええ。太陽の党とは、結局、原発に関する考え方が違ったので組めなかったのではないかと思ったのですが。

渡辺喜美守護霊　原発？

石川　石原都知事は、「やはり原発は必要だ」というように言っていたと思うのです。

渡辺喜美守護霊　いや、原発は、まあ、栃木県に汚染《おせん》が来なきゃ、別に、どうってことはないのよ。

石川　（苦笑）そうですか。

渡辺喜美守護霊　福島で止まってる分には別に……。

武田　ただ、党の政策としては、二〇三〇年に原発を……。

渡辺喜美守護霊　そのころは生きとらんかもしらんから、もう、どうでもいい。

武田　ああ……。

渡辺喜美守護霊　うーん。もう生きとらんだろう。

武田　あれは、どうでもいい政策なのですか。

渡辺喜美守護霊　ああ？　何が？

武田　「反原発」といいますか、二〇三〇年には原発をゼロにするという……。

渡辺喜美守護霊　ああ、そりゃあ、君、人気取りに決まっとるじゃないか。

武田　あ、人気取りですか。

渡辺喜美守護霊　みんな、そうなんだ。「原発をやめたい」なんて思ってる人なんか、共産党以外にはいないよ。

武田　いちおう、「みんなの党」は、「いろいろな再生可能エネルギーを開発したり、電力を自由化したりして、原発をゼロにする」というように発表されています。きちんとした計算があってのことではないのですか。

渡辺喜美守護霊　いや、原発に反対してるのは、中国に占領《せんりょう》してほしいところだけだわ。

武田　そうですね。

渡辺喜美守護霊　そういうところは本気で反対しとると思うけども、それ以外は反対してないよ。これは、もうみんな、人気取りなんだよ。

武田　渡辺さんは、どうなのですか。

渡辺喜美守護霊　え？　人気取りだ。当然。当たり前だよ。

武田　「人気取り」で……。

渡辺喜美守護霊　そんなものは当たり前じゃないの。

武田　本音としては「どうしたらいい」と？

渡辺喜美守護霊　本音を言うと、電力の供給は、安くて安全だったら何でもいいんだ。そんなもの。

武田　まあ、安定した電力供給は、重要ですよね。

「地震《じしん》発電」の開発に期待？

渡辺喜美守護霊　今、どう見たって、（エネルギー資源の）輸入で、（電気料金等の）代金が上がって困っとるしさ。

武田　ええ、そうですね。

渡辺喜美守護霊　だいたいねえ、そう言ったって、あの政商をやった〝損するソフトバンク〟の〝あれ〟、なんかおったじゃないか。

武田　孫正義《そんまさよし》さんですか。

渡辺喜美守護霊　ああ、ねえ？　あれは韓国《かんこく》の手先と違うか？　なんか知らんけど、東北全体に太陽光パネルを貼《は》るつもりかいな。あんなもの、農業ができんようになるわ。

武田　これには反対ですよね？

渡辺喜美守護霊　あんなもの、埃《ほこり》をかぶったら、もう全部発電できんようになるんだからさ。あんな発電機、また地震《じしん》が来たら全部壊《こわ》れるじゃん？

武田　はい。

渡辺喜美守護霊　ねえ？　あんな太陽光パネルみたいなのを、いっぱい山に貼り付けたって、地震が来たら一発じゃない？　マグニチュード9・0のが来たら、あんなのは全部潰れるじゃない？　あんなもの一瞬だな。あんなのはいかん。全然役に立てんわ。

うーん。「地震が来たら発電ができる」っていうのだったらいいな。

武田　なるほど。

渡辺喜美守護霊　「地震発電」だったら賛成だ。「どうか地震が来てくれんかなあ」と言って、地震が来たときには、そのマグニチュードの、ごっついエネルギーを、グワーッと全部吸い込んでためて、「これで、もう、何十年分か電力は要りません」みたいになったらいいなあ。「ナマズ発電」っていうのを、一丁つくってくれんかなあ。

武田　（笑）

渡辺喜美守護霊　それだったら賛成だなあ。

「大川隆法」に対する渡辺美智雄《みちお》・喜美《よしみ》親子の率直《そっちょく》な思い

武田　お話を伺いますと、おおよそ幸福実現党と同じお考えをお持ちだということでしょうか。

渡辺喜美守護霊　まあ、同じかどうかは知らんけど、仲良うしたいよな。

武田　ええ。

渡辺喜美守護霊　親父の代のときに、わしは秘書をしとったから、親父が幸福の科学について言うたことは知ってるけど、いつもほめとったよ。

武田　そうですか。

渡辺喜美守護霊　「大川さんは偉い。あれは偉いわあ。見識がある」と言ってた。

武田　「見識がある」と？

渡辺喜美守護霊　うん。いつも、ほめとったなあ。「ああ、ええ男だ。もったいない！」って。

武田　渡辺さんご自身は、どう思われていますか。

渡辺喜美守護霊　わしかい？　わしは、年が近《ちこ》うなったから、ちょっとだけ競争心を感じることは感じる。

武田　ああ。

渡辺喜美守護霊　年が近いから感じるけど、まあ、ちょっとだけ、「やっぱり、大川さんは頭がええなあ」なんて……。

武田　当会の本は読まれていますか。

渡辺喜美守護霊　うん。読んどるよ。そりゃ読んでる。

武田　読んでおられますか。

渡辺喜美守護霊　ああ。ちょっと頭ええなあ。ちょっとだけ悔しいわあ。

武田　（笑）そうですか。

渡辺喜美守護霊　やっぱり、早稲田だと、ちょっと落ちるなあ。

早稲田が落ちるのか、わしが落ちるのか、ちょっとそのへんは分からんけども、頭は、ちょっとええなあ。

武田　分野で言いますと、どのあたりに嫉妬《しっと》を感じられますか。

渡辺喜美守護霊　うーん。やっぱり、政策が無限に出てくるじゃない？

今、自民党による「官僚《かんりょう》いじめ」が流行《はや》っている？

武田　はい。

渡辺喜美守護霊　やっぱり、あれには敵《かな》わんなあ。

武田　ああ……。

渡辺喜美守護霊　まあ、自民党も、どうせ一緒《いっしょ》だろうと思うんだけどな。今は、どうせ、自民党も劣等感《れっとうかん》の塊《かたまり》だよ。本心を言ったらな。

武田　うーん。

渡辺喜美守護霊　みんな、劣等感で、「頭ええなあ」「敵わんなあ」と言ってる。東大出は、自民党にだって、大勢おるだろう?

武田　はい。

渡辺喜美守護霊　あれは、どうせ、全然頭が足りんのだ。ねえ?　だから、全然思いつかんのだ。官僚《かんりょう》に投げたって、何も出てきやしない。

武田　うーん。

渡辺が喜美守護霊　自民党は、「おまえら、本当に東大を出てるのか。なんで、こんなに頭が悪いんだ?」って、官僚をいじめとるんだ。

武田　うーん。

渡辺喜美守護霊　官僚いじめをして、今、官僚がサボタージュをやっとるんだ。

武田　そうですか。

渡辺喜美守護霊　ああ。官僚からアイデアが出てこないからさ。「俺ら政治家は、安倍さん以下、みんな、頭が悪いのを分かっとるだろうが。叩いたって、何も出てこんのだ。おまえらが考えんで誰《だれ》が考えるんだ? 官僚が知恵《ちえ》を絞《しぼ》って出せ!」って言ってるのに、官僚は、「いや、私らは何も出てこないのですわ」

と言うわけだ。
だから、それに対して、「大川隆法を、ちょっとは見習えよ。おまえ、東大出でも出来が違うじゃないか。どうなっとるんだ？　その頭の出来は、どこが違うんだ？」と言って（会場笑）、いじめられてるんだよ。
だから、今は、あちこちで、「脱《だつ》官僚」というか、「官僚いじめ」が流行《はや》っとるんだな。

石川　まあ、「脱官僚」は、かなりの目玉政策だと思うのです。

渡辺喜美守護霊　ああ、目玉だ。これは早稲田の恨《うら》みだ。

石川　ああ、そうですか。

渡辺喜美守護霊　ある意味でのな。

武田　そうなんですか。

3 「公務員制度改革」を掲《かか》げる理由

「増税するなら、まずは公務員給与《きゅうよ》の〝減量〟を」と主張

石川　みんなの党は、「国家公務員を十万人削減《さくげん》する」とか、地方公務員の給与《きゅうよ》も民間並みにして……。

渡辺喜美守護霊　「民間の一・五倍も公務員の給料がある」っていうのは、やっぱりけしからんですよ。これは、「お代官が巻き上げてる」っていうことだから。

石川　ええ。

渡辺喜美守護霊　「一・五倍あって増税する」なんていうのは、あんた、やっぱり許

されないなあ。増税するんだったら、それと抱《だ》き合わせでねえ、やっぱり〝減量〟はやらなきゃいかんと思うよ。そらあ当然だよ。

石川　うーん。

渡辺喜美守護霊　これは許せんよな。一・五倍あったら、「まず、それを民間並みにしてから言いなさい」っていうのは当然ですから。

石川　そうですね。

渡辺喜美守護霊　増税したかったら、同時に〝減量〟しなきゃ駄目《だめ》だよな。だって、要《い》らない役人がいっぱいいるもんな。

「公務員の百万人削減《さくげん》！」が本音

武田　また、「国家公務員を十万人削減《さくげん》」とおっしゃっていますよね。

渡辺喜美守護霊　十万では足りない。

武田　できるんですか。

渡辺喜美守護霊　ほんとはなあ、もう、百万人ぐらい削減したい（国家公務員は約六十四万人しかいない）。

武田　百万人？

渡辺喜美守護霊　もう、いなくなるから、百万人っていったら。

武田　いなくなっちゃいますね。

渡辺喜美守護霊　まあ、でも、地方公務員も入れたら、五百万ぐらいいるんじゃないか、公務員っていうのは（実際は約三百四十万人）。

石川　ただ、あまり切りすぎると、別途《べっと》、「失業対策をどうするのか」という問題が出てきますよ。

渡辺喜美守護霊　ああ、失業……。みんなねえ、そらあ、やることはあるよ。東日本の震災《しんさい》の復興とか、あるいは、尖閣《せんかく》周辺の無人島にみんな住んでもらえば、準防衛になるからさ。

武田　はあはあ。

渡辺喜美守護霊　竹槍《たけやり》を持って住んでもらうんだ、みんな。

武田　（笑）なるほど。

渡辺喜美守護霊　公務員は、年金レベルの生活で、そこへ住んでもらう。竹槍を持ってね。そうしたら行けるわな。

武田　もちろん、自衛隊員は削減されないですよね。

渡辺喜美守護霊　まあ、自衛隊はなあ、いちおう、「人数だけの問題かどうか」っていう検討は、一つ要ると思うんだな。

武田　「減らすこともありうる」と？

渡辺喜美守護霊　だから、武器の性能によってカバーできるのか、やっぱり、人数がある程度いないといかんのか。まあ、そのへんの検討はちょっと要ると思うなあ。

民間同様、公務員にも「景気による変動」が必要

石川　二〇〇八年の六月に、官僚《かんりょう》などの抵抗《ていこう》を受けながらも、国家公務員制度改革基本法の成立をなされました。

渡辺喜美守護霊　うーん。

石川　それによって、天下《あまくだ》り規制などを断行されたと思うのですが、「官僚を減らしていく」というのは、やはり、「『小さな政府』を志向されている」ということでしょうか。

渡辺喜美守護霊　やっぱりね、生産性っていうか、民間は、景気の変動にも敏感《びんかん》だし、赤字・黒字にも敏感に反応してやってるじゃない？

普通《ふつう》のお父さんたちは、まあ、お母さんも含《ふく》めて、お父さんもお母さんも、みんな景気に反応するし、「不景気だったら、給料が減ったり、ボーナスが減ったりして当然」と思っとるし、「リストラが始まるのも当然だ」と思っとるわなあ。民間だったらな。

例えば、ＪＡＬ《ジャル》だって、そらあ、「五万人いたのが三万二千人かなんかになる」とか言ったら、もうしゃあないね。これは、プライドがあったたって、辞《や》めなきゃいかん。けども、公務員のところはねえ、なんか法律に守られとって、ぬくぬくしてるけど、これは、やっぱり多少は変動しないといかんわ。

だから、うーん……。やっぱりねえ、天下りみたいな、あんな楽なことを、「在職中に、自分らの天下り先ばっかりつくって歩いてる」っていうか、「先輩《せんぱい》の行くところをつくっとけば、（先輩を）追い出せて自分が上がれるから」っていうので、こればっかりつくるのを仕事にしてるからさ。

年金を無駄遣《むだづか》いした犯人は〝公開処刑《しょけい》〟すべし?!

渡辺善美守護霊　そして、「かんぽの宿」みたいなのばっかりやって、ろくでもねえ赤字を、いっぱい、さらにつくりよってさ。税金を無駄遣《むだづか》いして、そんなのに年金を横流しして全部使いよったんだろう?

これは、普通は〝磔《はりつけ》〟よ。なあ? 誰《だれ》か代表者を引きずり出して、やっぱり〝公開処刑《しょけい》〟をしなきゃいかんと思う。

武田　そうですね。

渡辺喜美守護霊　東京湾《わん》の沿岸に十字架《じゅうじか》を並べて……。

武田　(笑)

渡辺喜美守護霊　〝公開処刑〟で射殺したら、国民はみんな納得《なっとく》する。「年金はなくなりましたけど、犯人は射殺しましたから」と言うて、ここまでやったらいいけどな。

武田　なるほど。かなり過激なご意見ですね。

渡辺喜美守護霊　ああ。射殺されるよりも、その前にリストラされるほうがいいだろう。

武田　そうですね。

「自己保身」と「既得権益《きとくけんえき》の拡大」に長《た》けている官僚《かんりょう》たち

石川　以前、渡辺代表が当会の総本山・正心館《しょうしんかん》に来られたときに、私も、お話を聴《き》かせていただいたのですが……。

渡辺喜美守護霊　ああ、いい話だったか？

石川　ええ。すごく面白《おもしろ》い話で……。

渡辺喜美守護霊　インパクトを受けたか？

石川　ええ。すごく受けました。

渡辺喜美守護霊　ああ。霊感《れいかん》に満ち溢《あふ》れとったか？

石川　（笑）まあ、霊感については分からないですけど。

渡辺喜美守護霊　ん？

石川　官僚《かんりょう》を「まな板の鯉《こい》」に見立てて、「これを料理しようと思った瞬間《しゅんかん》に、鯉が反撃《はんげき》してきて、包丁を奪《うば》って刺《さ》してきたんだ」というような感じで、官僚の激しい抵抗のことを表現されていました。

渡辺喜美守護霊　まあ、ちょっとねえ……。

石川　どのような抵抗があったのか、よろしければ教えていただきたいのですが。

渡辺喜美守護霊　いやあ、もうねえ、東大出は昔に比べたら数は減らされてるんだろうと思うけど、「数を減らす」っていうことはだなあ、「東大出がポストを取る率が高くなる」っていうだけのことなのよ。

武田　うーん。

渡辺喜美守護霊　東大出が多いと、東大出でもポストを取れないやつが出てくるよな。

武田　はい。そうですね。

渡辺喜美守護霊　東大出でも、課長までしか上がれんやつがいっぱい出てくるからな。まあ、宮澤《みやざわ》（喜一《きいち》）さんのころから、「東大出の比率を減らして、私大など、ほかのところを増やす」ってことをやったけど、結局、東大出が局長になりやすくなっただけのことだからな。

武田　うーん、うんうんうん。

渡辺喜美守護霊　やつらは、もう、ほんと、ずる賢《がしこ》いっていうか、頭を生産性のないほうに使う癖《くせ》があるんだよな。

武田　うーん。

渡辺喜美守護霊　もう、自分らの保身と、既得権益《きとくけんえき》の拡大？　こちらのほうに頭を使うのには長《た》けてるけど、"YOUR PARTY《ユアパーティー》"の精神っていうか、みんなの党の精神っていうか、こう、「皆々《みなみな》の者たちの幸福のために役人をやろう」っていうような志を持ったやつがおらんのだ。

これはいかんわ。これはいかんね。

公務員に必要なのは「全体の奉仕者《ほうししゃ》」としての精神

武田　それで、まずは削減ということですね。

渡辺喜美守護霊　だから、いや、それは心掛《こころが》けだよね、やっぱり。

武田　はい。

渡辺喜美守護霊　いったん、全部、ゼロベースにしてねえ……。

武田　はいはい。

渡辺喜美守護霊　やっぱりねえ、「公務員は、全体の奉仕者《ほうししゃ》」って憲法に書いてあるじゃない？

武田　そうですよね。

渡辺喜美守護霊　ねえ？　公務員は全体の奉仕者なんだから、「奉仕する気持ちのあるやつだけ、血判《けっぱん》を押《お》して、もう一回、公務員になり直せ」と。いったん全部解雇《かいこ》して、「自分のためじゃなくて、国民に奉仕する。あるいは、県なら県、市なら市に奉仕する」と、血判を押したやつだけを公務員に採用してもいいぐらいだ。

石川　“Civil《シビル》 servant《サーヴァント》”（公僕《こうぼく》）ですね。

渡辺喜美守護霊　うん、そうそうそうそう。それを全然、理解しとらんな。憲法を読んどらんやつが公務員になっとるわけだな。

武田　うーん、そうですね。

渡辺喜美守護霊　もう、昔の封建《ほうけん》領主と変わらんわ、考えが。代官とか、あんな感じだ。

「一生安泰《あんたい》」という身分保障は絶対に腐敗《ふはい》を生む

石川　教員も一種の公務員ですが、やはり、公務員という自覚、“servant”（奉仕者）

の自覚がないと思います。

渡辺喜美守護霊　まあ、教員のところまで言うと大変ではあるけど、あの身分保障なあ。十年ごとに一回、再考型のチェックを入れることにしたら、また、なし崩《くず》しにしてきたよな。

武田　そうですね。

渡辺喜美守護霊　だからもう、「一生安泰《あんたい》」みたいな約束をして、いいことなんか、なーんもないよ。

武田　うーん。

渡辺喜美守護霊　政治家だってねえ、「一回当選したら、死ぬまで、あるいは定年まで政治家をやれる」となったら、腐敗《ふはい》しますよ。ものすごく腐敗が進みますよ。完璧《かんぺき》ですよ。もうこれ、取《と》り得《どく》ですよ。

だけど、「落とされるかもしらん」ということがあるからこそ、やっぱり、「そこまで慢心《まんしん》できない」っていうかさ、みんなにお願いして回らなきゃいかんし、意見を聴いて回らなきゃいかん。何年かに一回、その行事があるから、完全には腐敗できないんだよ、政治家はな。

「失業対策で公務員を雇《やと》っているとしか思えん！」と憤慨《ふんがい》

渡辺喜美守護霊　でも、公務員の場合は、教員も一緒《いっしょ》だけど、もう長く、身分保障が過ぎてさ。

昔は、能力のあるやつは、給料も高いから民間に行って出世して、「給料が公務員の三倍ぐらいにはなる」っていうので、「やりたい放題、出世してやろうか」っていうのがいたけど、民間も駄目になってきた。

だから、「安定志向のやる気のないやつが、（公務員として）高給を食《は》んで、保障されてる」みたいな、そんな感じになってるからさ。これは、誰かがやらなきゃいかんところだわな。

ほんとねえ、失業対策で雇《やと》ってるとしか……。

武田　思えないですね。

渡辺喜美守護霊　思えん！　だから、塾《じゅく》があんなに流行《はや》るんだったら、教員のところは給料引き下げから人員削減まで、やっぱりやらなきゃいかんわねえ。

武田　そうですね。

渡辺喜美守護霊　ああ、国民は、そっちに金を払《はら》ってるんだから。十分にな。

武田　仕事になっていないですよね。

渡辺喜美守護霊　教育ができてないんだろう？　まともに。

武田　うーん。そうですね。

渡辺喜美守護霊　そらあ、いかんわ。

塾《じゅく》へ行かずに国公立の中高から国公立大学に入れないのは問題

渡辺喜美守護霊　少なくともねえ、教員が公務員中心の公立の場合、公立の小中高を出て、それで国公立大に合格できないんだったら、これはクビだよ。

これはいかんわ。まあ、「特殊《とくしゅ》な私立とか、医学部とかに入れない」っていうぐらいなら分からんこともないけども、やっぱり、「国公立の中高を出て、そして、国公立大学に入れん」というようなことであれば、これは問題だと思うな。

石川　杉並《すぎなみ》区の和田《わだ》中学でも、夜、塾《じゅく》の教師に来てもらって補講をしています。

渡辺喜美守護霊　うーん、これはねえ、金の無駄遣いだな。先生を辞めさせたほうが早いわな、それは。

石川　ええ。先生を代えたほうがいいかもしれませんね。

渡辺喜美守護霊　うーん。辞めさせて、塾の先生に来てもらったほうが早いじゃん、そんなの。なあ？　無駄だ。子供は疲《つか》れるし、金も余計に要るしな。

石川　そうですね。

渡辺喜美守護霊　うん。

「国会議員数削減《さくげん》で、最も影響《えいきょう》を受けるのは小党」という苦しさ

石川　さらに、政治家についても、「数を減らすべきだ」とおっしゃっていると思いますが……。

渡辺喜美守護霊　うーん、まあ……。

石川　確か、アメリカは、人口が三億人いるのに、上院が百人で、下院が四百三十五人です。

渡辺喜美守護霊　うーん、うーん、うーん。

石川　それに比べて、日本は、参議院が二百四十二人で、衆議院が四百八十人なので、人口が三倍いるアメリカよりも、日本のほうが確かに国会議員の数は多いのですけれ

ども、このあたり……。

渡辺喜美守護霊　それは、まあ、減らしたい気持ちも、ちょっとだけあるんだけど、減るのは、どこから減るかって言ったら、分かる？

石川　（笑）

渡辺喜美守護霊　小さいところから減るんだよ。

石川　いや、まあ、そうですけどね。

渡辺喜美守護霊　大政党は減らないで、小さいほうから減るんだよ。だから、小選挙区制にして定員を減らしたら、そんなもん、自民党とかの一人勝ちになって、みんなの党とか、下から減っていくし、幸福実現党なんか永遠に当選者が出ないよ、これ。

武田　うーん。

渡辺喜美守護霊　それがあるからさ。

武田　では、どうしましょう?

渡辺喜美守護霊　まあ、（議員数削減《さくげん》を）あまり強く言うと、ちょっときついよな。

マスコミの世論《せろん》調査で当選まで決まるのも問題

石川　みんなの党は、改革案として、「比例代表は、ブロック制をやめて、全国の比例代表にしよう」と言っていますが、あれは、やはり、ある程度、小さな政党に有利に働くからですか。

渡辺喜美守護霊　まあ、それはそうなんだ。これも、公務員改革の一環《いっかん》としては同じだからね。生産性という意味では、あまり何百人もいると、議論がなかなか進まないで、採決するためだけのものになってるけど、まあ、今は二つ（衆議院と参議院）あるしな。

あとは、マスコミが世論《せろん》調査をして賛否《さんぴ》を取るのもやってるからさ。

武田　そうですね。

渡辺喜美守護霊　実際は、世論調査で当選まで決まるぐらいだから。

武田　投票する前に決まっていますよね。

渡辺喜美守護霊　国民投票法なんか要らんぐらいだ、ほとんどな。

あんなの、政策について世論調査してもらえば、それで決まるからさ。それだったら、もう、衆議院事務局だけあれば、ほとんどできてしまうよな。

武田　そうですね。

渡辺喜美守護霊　それで通ってしまうよな。だけど、そのへんにはちょっと、今の時代から見ると、やや問題はあるんだけどな。

　中選挙区制に戻《もど》しても「みんなの党」が大きくなるかは微妙《びみょう》

石川　小選挙区制については、いかがでしょうか。

渡辺喜美守護霊　いやあ、きついことはきついなあ。こういう小選挙区で行くと、大きくなれない。

武田　そうですね。

渡辺喜美守護霊　うーん……。どうしても大きくなれんなあ。

石川　大川総裁も、以前、「中選挙区であるべきで、小選挙区はいけない」ということをおっしゃっています。

渡辺喜美守護霊　そらあ、中選挙区なら、ちょっと選びようがあるからな。二人《ふたり》区にしたら、「自民と民主が入れるかどうか」っていう問題になってるでしょ？

石川　うーん。

渡辺喜美守護霊　三人区になると、さらに、「自民・民主以外の、次の党が入れるかもしれない」っていうあたりだもんな。

だから、このへんには、ちょっと微妙《びみょう》なところがあるんだよ。加減としては微妙なところがある。自殺行為《こうい》になる可能性も十分にあるからね。

小選挙区制で「生活の党」が潰《つぶ》れそうな小沢一郎《おざわいちろう》氏の自業自得《じごうじとく》

石川　河野洋平《こうのようへい》さんは、自民党総裁のとき、選挙制度改革を推進していましたが、あの人自身も、「小選挙区制は失敗だった」と発言されています。

渡辺喜美守護霊　うーん。

石川　やはり、小選挙区制は弊害《へいがい》が大きいとお考えですか。

渡辺喜美守護霊　まあ、選挙制度は、いじってもいじっても、やっぱり問題は出てくるしな。一人一票の値打ちが変わるとか、いろいろ言われてさ。もう「一対五になってる」とか言われたりもするしね。

小選挙区制の推進者だった、あの小沢一郎《おざわいちろう》なんかも、「生活の党」なんかつくっちゃって、あれは「自殺」だよ。

武田　ええ。

渡辺喜美守護霊　なあ？　「生活の党」は、小選挙区制のために潰《つぶ》れる運命にあるよな。あれは、小選挙区制だったら潰れるわ。

武田　そうですね。

渡辺喜美守護霊　かわいそうだが、「つくった本人がつかまる」っていう関係だな。

4 「みんなの党」の実態と戦略

現有勢力のままでは、他党との連携《れんけい》は難しい

武田　今後のことを少し伺《うかが》いたいのですが。

渡辺喜美守護霊　ああ。うちの党がなくならない範囲《はんい》で訊《き》いてくれよ。

武田　分かりました。まず、今後、ほかの党との連携《れんけい》については、どのようにお考えになっているのでしょうか。

渡辺喜美守護霊　うーん。連携も何も、今のままじゃ、どうにもならんなあ。

武田　ならないですか。

渡辺喜美守護霊　現有勢力じゃ、どうにもならんなあ。

武田　そうですね。

やはり「みんなの党」は「私の党」?!

武田　最近、幹事長が交替《こうたい》されましたけれども……。

渡辺喜美守護霊　ああ……。

武田　けっこう話題になっています。江田憲司《えだけんじ》さんから浅尾慶一郎《あさおけいいちろう》さんに替《か》わりましたね。

渡辺喜美守護霊　うーん。そらあ、ちょっと、あまりいいテーマではないなあ。

武田　いいテーマでないですか。

渡辺喜美守護霊　あんまり、でも……。

武田　新聞情報にはない、何か、そのへんの真意についてお伺いできればと思います。まあ、今後を見据《みす》えた幹事長交替だと思うのですが……。

渡辺喜美守護霊　いやあ、やっぱりねえ、「みんなの党」はねえ、もう「私の党」なのよ（会場笑）。

武田　「私の党」ですか。

渡辺喜美守護霊　うーん。「みんなの党」は「私の党」なんだから。

武田　はい。

渡辺喜美守護霊　江田とかが、ちょっと生意気にグチャグチャ言うからさ、もう分裂《ぶんれつ》するじゃんか。

石川　"MY PARTY《マイパーティー》"なのですか。"YOUR PARTY《ユアパーティー》"ではなく……。

渡辺喜美守護霊　"MY PARTY"なのよ。"YOUR PARTY"じゃなくて"MY PARTY"っていうのが正しい。「みんなの党」の正しい英訳は、"MY PARTY"なんです。

武田　"MY PARTY"ですか。

渡辺喜美守護霊　うん。「渡辺党」なんです。

武田　なるほど。

渡辺喜美守護霊　はっきり言やあ、"MY PARTY"だ。

武田　確かに、参院選でも、ご親戚《しんせき》の方を比例のほうにポンと入れたりされていましたね。

渡辺喜美守護霊　"MY PARTY"なの！　私の考え以外、要《い》らないの！　江田とか、ああいうのは、余計なことを言うから、もう要らん！

江田憲司《えだけんじ》・前幹事長との対立点とは

武田　ちょっとすみません。具体的には、江田《えだ》さんとの対立点というのは何だったのでしょうか。

渡辺喜美守護霊　いや、うるせえ。

武田　うるさい？（会場笑）

渡辺喜美守護霊　うるせえ。

武田　「うるさい」ということですか。

渡辺喜美守護霊　ああ、うるせえんだよ、あいつは。

武田　はあはあはあ。

渡辺喜美守護霊　あれ、何だっけ？　誰《だれ》だった？　橋本龍太郎《はしもとりゅうたろう》のときの補佐官《ほさかん》だかなんかしてたのかなあ。秘書官だったたか。（橋本龍太郎に）お世話になったかなんかで、「ちょっと自分のほうが格上だ」と思うとるところがあるのよ。

武田　ああ。

渡辺喜美守護霊　わしも親父《おやじ》の秘書をしてたからさ。

武田　はいはいはいはい。

渡辺喜美守護霊　それで、「ちょっと自分のほうが格上だ」と思うてるところが、あいつにはあるんだ。

武田　なるほど。

渡辺喜美守護霊　それに、あれは東大だったかなあ。

武田　彼は……、東大出身でしたかねえ。

渡辺喜美守護霊　ん？　江田憲司《けんじ》は東大だったんじゃないかなあ。

武田　そうですか。

渡辺喜美守護霊　東大出の通産省かなんかじゃなかったっけ？

武田　通産省ですね。

渡辺喜美守護霊　通産省かなんかだろ？

武田　はい。

渡辺喜美守護霊　だからさあ、ちょっと生意気なのよ。

武田　うーん。

渡辺喜美守護霊　東大出の通産官僚《かんりょう》上がりだから、ほんとは公務員のリストラなんて賛成じゃねえんだよ。

武田　うーん。

渡辺喜美守護霊　ほんとは賛成じゃねえんだよ、あれ。な？　だから、俺《おれ》の言うことが、ほんとは分かっとらんのだ。

武田　うーん。

渡辺喜美守護霊　脱《だつ》官僚の意味がほんとは分かってない。「官僚は優秀《ゆうしゅう》だ」と思うとるんだ。

武田　そこが対立点なんですか。

渡辺喜美守護霊　ああ。原点はな。

渡辺代表には「教祖願望」がある？

渡辺喜美守護霊　まあ、政治家としての〝あれ〟は、ちょっと違《ちが》うところはあるかと思うけどな。

だから、ちょっとなあ、あいつをどうにかせんと、やっぱり、うちの「庶民性《しょみん》」っていうか、「泥臭《どろくさ》さ」っていうか、「田舎性《いなか》」っていうかなあ……。

武田　ほおお。

渡辺喜美守護霊　地方を、こう発展させる感じが出てこないんだなあ。

武田　ただ、今回替わった浅尾さんという方も、けっこうインテリの雰囲気《ふんいき》で、あまり庶民的な感じではないように思います。

渡辺喜美守護霊　あ、誰でもいいのよ。

武田　誰でもいいんですか。

渡辺喜美守護霊　〝MY PARTY〟だから、わしの言うことをききゃあ、いいのよ。

武田　はああ……。

渡辺喜美守護霊　きかんやつは、それで交替なのよ。わしには、「教祖願望」があるんだ、ちゃんと。

武田　うーん。新聞報道等では、「今後の政界再編をめぐって、意見の対立があった」ということになっていますが……。

渡辺喜美守護霊　まあ、そういうふうに言ってもいい。

武田　言ってもいい？

渡辺喜美守護霊　だから、何でもいい。

武田　何でもいい（笑）。

渡辺喜美守護霊　そういうふうに言ってもいい。そうでもある。うん。そうかもしらん。

武田　うーん。

勢いが止まり、存在感が薄《うす》れてしまった「みんなの党」

武田　「みんなの党」の今後の戦略に関しては、今、本音ベースで、どのようにお考えなのでしょうか。

渡辺喜美守護霊　だから、ほんとは、「維新《いしん》」と協力していけるっていうんだったら、たぶん、今回は、もうちょっと議席が取れたんだろうなあと思う。まあ、橋下《はしもと》も票を減らしたし、わしも減らしたし、両方減らしたかなあとは思うとるけどな。でも、こちらは、ダメージを比較《ひかく》的少なく止めたつもりではおるんだ。「大して増えはしなかったが、減りもしなかった」という手前で止めたんだけど、こっちも勢いは止まってしもうたわな。

「自民党のほうが、もっと勝ってしまえば、それで済む」というだけみたいな感じになってきたから、存在感のところが、若干《じゃっかん》、厳しくなったわなあ。

武田　うーん、そうですね。

渡辺喜美守護霊　だから、自民党のほうは、憲法改正のところで、わしが言うとるものをやってやるとか、ちょっと妥協《だきょう》案を出してきたり、水面下では、いろいろ〝球〟を投げてきて、「釣《つ》ってやろう」と思って、やっとるけどな。

武田　うーん。

「一党独裁」の慢心《まんしん》が出てきた安倍《あべ》首相

渡辺喜美守護霊　ただ、やっぱり、安倍《あべ》も批判してやらんとなあ。あれは批判してやらんと、もうほんと、慢心《まんしん》が……。

武田　慢心ですか。

渡辺喜美守護霊　「一党独裁」の慢心が、もう、出かかっとるわ。山口県が集中豪雨《ごうう》のときは、山口を見舞《みま》いに行きよったが、秋田・岩手の集中豪雨のときは、ゴルフを楽しんだよな。

武田　ああ、なるほど。

渡辺喜美守護霊　だから、あいつが言うとるとおりだ。あのー、民主党の海江田《かいえだ》が言うとおりだ。お見舞いに行かないといかんね。

武田　そうですね。

渡辺喜美守護霊　首相だろうが。ねえ？　自分の票になるから山口には帰って、秋田・岩手が集中豪雨になったら、お見舞いに行かんのか？　五人も流されても（秋田の死者・行方《ゆくえ》不明者数。他に岩手の死者二人）。ええ？

武田　はいはい。

渡辺喜美守護霊　山梨《やまなし》県で十一日も休んでゴルフをするなんていうのは、そんなの君ねえ、許されんことだよ。

武田　そうですね。

渡辺喜美守護霊　これ、ちょっと、怠《なま》け者は、もう終わりだな。だから、夏休み明けに、もう辞《や》めてもらわなきゃいかん。

「総理に担《かつ》ぎたい」というなら自民党との連立もある

武田　そうしますと、渡辺さんは、自民とは連携しないと？

渡辺喜美守護霊　いや。総理だったらやるよ、自民でも。

武田　あ、ご自分が総理だったらですね。

渡辺喜美守護霊　うんうん。わしを総理に担《かつ》ぎたいっていうんだったら、自民党でも構わん。

武田　では、自民党と合併《がっぺい》と言いますか、一つに……。

渡辺喜美守護霊　わしを総理にするっていうのであればな。まあ、昔の「自社さ政権」みたいに言われると、ちょっと問題はあるけども、まあ、いちおう、「みんなの党と連立する」と称《しょう》して、わしが結局、総理になるっていうんだったら、別に自民党でも構わんのだ。

武田　それ以外はないですか。

渡辺喜美守護霊　それ以外はない。うん。

民主党と組んだら〝救命ボート《タイタニック》〟も沈《しず》む

武田　民主党とは、どうでしょうか。

渡辺喜美守護霊　ん？

武田　海江田さんの民主党と連携する可能性は？

渡辺喜美守護霊　まあ、〝タイタニック〟だろ？（『海江田万里《ばんり》・後悔《こうかい》は海よりも深く――民主党《タイタニック》は浮上《ふじょう》するか――』〔幸福実現党刊〕参照）

武田　タイタニック……。はい。

渡辺喜美守護霊　「タイタニックと連携する」って、どういうことだね？

武田　それはないですか。

渡辺喜美守護霊　どういうこと？

武田　うーん……。

渡辺喜美守護霊　そらあ、「救命ボートも一緒《いっしょ》に沈《しず》んでいく」っていうこと？

武田　まあ、そうかもしれませんね。

渡辺喜美守護霊　「みんなの党」っていうのは、救命ボートぐらいだからさ、大きさは。

武田　うーん。

渡辺喜美守護霊　タイタニックが沈むときの救命ボートぐらいだ。

武田　全部を助けるのは無理ですね。

渡辺喜美守護霊　連携したら、どうなるの？　みんな、これに乗ってくるんだろ？

武田　そうですね。

渡辺喜美守護霊　〝救命ボート〟は沈むのと違うか？

武田　うーん。なるほど。

渡辺喜美守護霊　あるいは、〝救命ボート〟のなかで、「君、海に飛び込《こ》んでくれるか」という蹴《け》り合いが始まる。

武田　うーん。

渡辺喜美守護霊　乗れる数があるからな。だから、「女子供が優先で、君ら、おっさんは死んでくれるか?」と、やっぱり言わなきゃいかんのだがな。

だから、「タイタニック」と言われたら、まあ、ちょっと連立っていうのは、若干厳しいよ。「連立したら票が増える」っていうことは、まずありえない。

こちらの〝救命ボート〟のほうも、死ぬ人が増えるようになるわな。

「みんなの党」としては全然面白《おもしろ》くない展開が続く?

武田　そうしますと、「自民でも民主でもない」となると……。

渡辺喜美守護霊　面白《おもしろ》くない。全然、面白くない展開だ。

武田　あとは、「維新」とか、「生活の党」とかですよね。

渡辺喜美守護霊　展開が全然面白くない。なーんにも面白くない。

武田　どうしましょう。

渡辺喜美守護霊　もう何も面白くない。

武田　そのあたりの戦略は……。

渡辺喜美守護霊　自民党は、わしを、あれだろう？　「行革担当かなんかで閣僚に取り込めば、党を解党して終わりになるんじゃないか」ぐらいのところを密《ひそ》かに狙《ねら》ってるだろうな。

武田　ああ……。そういう動きは、すでにあるのでしょうか。

渡辺喜美守護霊　まあ、そんなのは以心伝心《いしんでんしん》だ。

武田　以心伝心ですか。

渡辺喜美守護霊　そらあ、以心伝心だけど、せっかく党を割ってまでやったんだからさ、やっぱり、うーん……。

武田　「イフ」ですけれども、もし、今おっしゃったような話が来たら、渡辺さんはどう……。

渡辺喜美守護霊　ん？　何？　何？　何？　何？

武田　「重要閣僚で迎《むか》えるので」という話が来たら、どうしますか。

渡辺喜美守護霊　いやあ、やっぱり総理大臣でなかったら受けん！

武田　受けない？

渡辺喜美守護霊　うん。総理大臣なら受ける。それ以外は受けんなあ。

武田　総理大臣以外は受けないと？　なるほど。

渡辺喜美守護霊　うーん。

憲法改正の動きに「みんなの党」としてはどう出る？

武田　このときに、メインテーマとなるのは、「憲法改正に賛成するほうに回るのか、反対するほうに回るのか」というところです。ここが大事だと思うのですが。

渡辺喜美守護霊　そこが、今、あれじゃないか。「接待の度合い」が決まるところじゃないか。

武田　「接待の度合い」が決まるんですか。

渡辺喜美守護霊　ああ。どの程度、頭を下げてくるか。這《は》いつくばってくるか。どこの料亭《りょうてい》でわしを接待してくれるか。まあ、それによるわなあ。

武田　なるほど（笑）。では、このあたりについては、本音として、どんなお考えをお持ちなのでしょう？

渡辺喜美守護霊　な、何？　何？　何？

武田　憲法改正に関してです。

渡辺喜美守護霊　うーん……。憲法の、どこについての話？

武田　まず、「憲法改正に対し、全体的に賛成か反対か」ということに関しては、どうでしょう？

渡辺喜美守護霊　ああ……、それは、やっぱり、場所によるんじゃないの？

武田　場所による？

渡辺喜美守護霊　「憲法のどこを変えるか」によるんじゃないの？

武田　どの条文を変えるかによると？　では、「まったく変えなくてよい」というお考えではないのですね。

渡辺喜美守護霊　「どこか」にもよるんじゃないの? まあ、そりゃ、「変えてもいいものもある」と思うよ。だけど、自民党案を丸呑《まるの》みする気はないな。

武田　その気はないと?

渡辺喜美守護霊　うん。そんな気はないな。

憲法改正案は出せないが「首都条項《じょうこう》」がないのは気になる

武田　では、渡辺案としては、どのあたりを変えたいのでしょうか。

渡辺喜美守護霊　うん。いや、それがなあ、私も頭がようないから、憲法全部の改正案を出せるところまでは行かんのだ。すまんなあ。

武田　いえいえ。

渡辺喜美守護霊　いやあ、勉強をもうちょっとしとったらよかったなあ。

武田　それならば、一部だけでも結構です。例えば、「九条は変えたほうがいい」など、何かありませんか。

渡辺喜美守護霊　なんかなあ、中央の法学部も出たことになっとるんだけど、中央の法学部は、憲法改正案をつくれるほど賢《かしこ》くはないんだ。もう、（司法）試験に受かることしか考えてないからさ、あそこは。丸暗記型であって、思考方法は教えてくれんのだ。

武田　なるほど。まあ、全部をつくるのであれば、かなり難しいとは思うのですが……。

渡辺喜美守護霊　難しいのよ。
大川総裁は、（憲法試案を）一時間で書いたんだって？（『新・日本国憲法 試案』〔幸福の科学出版刊〕、『法戦《ほうせん》の時は来たれり』〔幸福実現党刊〕参照）

武田　そうなんですよ。

渡辺喜美守護霊　もう、ほんとにやめてくれよ。勘弁《かんべん》してくれよ。そういうのは、なしだよ。

武田　（笑）ただ、「ちょっと気になる」とか、「変えたい」とか思える条文が一条か二条ぐらいは、何かありませんか。

渡辺喜美守護霊　まあ……、そう、「首都条項《じょうこう》」が憲法にはないよな。

武田　ああ、やはり、そこですね？

渡辺喜美守護霊　うーん。憲法には、どこにも、「首都を東京に置く」とは書いてないんだ。

父・美智雄《みちお》氏が首相就任を断念したリクルート事件の真相は？

石川　総理大臣へのこだわりが、非常におありかと思うのですけれども……。

渡辺喜美守護霊　まあ、そりゃあ、親父がなりたかったんだ。わしは跡《あと》を継《つ》いで……。

石川　これは、少々言いづらいことなのですが、かつて、「リクルート事件」というものがありまして……。

渡辺喜美守護霊　あ！　古いなあ。

石川　当時、お父様の議員秘書をされていたと思います。そのときに、お父様の美智《みち》雄《お》氏が、「アタシの知らないうちに、うちの倅《せがれ》が（未公開株）五千株をもらったばっかりに、総理大臣がパーになっちゃったよ」とおっしゃったというような話も広まっているらしいのですが、このあたりには、やはり、お父様が総理大臣になるのを邪魔《じゃま》してしまったカルマなどがあるのでしょうか。

渡辺喜美守護霊　古いのを調べてるなあ。

いやあ、「秘書の責任にする」っていうのは、政治家の常套《じょうとう》手段でね。そのころは、わしがこんなに偉《えら》くなるとは、誰も思うとらん時期だからな。まあ、息子《むすこ》が、〝親父の借金〟をあえて背負ってやったっていうところだな。

石川　リクルート事件自体、やや冤罪《えんざい》のような面もあるようですが……。

渡辺喜美守護霊　ああ、それは、君らでもっと追及《ついきゅう》してみたほうがいいだろうけど、あれは、今、君らがやってる「戦後史の見直し」から見れば、たぶん、逆の考えが出てくるだろうと、わしは思うけどな。

「自民党からの離党《りとう》」は首相になるための一発逆転狙《ねら》いか

石川　やはり、「父親が総理大臣になれなかった分、自分は絶対になってやりたい」というような気持ちがおありなのでしょうか。

渡辺喜美守護霊　やっぱり、わしゃ、自民党の安倍よりは頭がいいと思うとるんだ、自分で。わしのほうが、頭はいいぞ、絶対に。

石川　そうなんですね。

渡辺喜美守護霊　だからなあ、「経済感覚」っていうか、「計数感覚」っていうか、そういう採算感覚みたいなものは、わしのほうが、ずーっと上だと思うんだ。だから……。

石川　自民党を出られたときにも、「このまま自民党にいても、総理大臣にはなれそうにない。しかし、自民党が過半数割れしたら、小党のトップでも、村山《むらやま》さんや細川《ほそかわ》さんのように、首相になれる可能性がある」と思って……、

渡辺喜美守護霊　うーん、そうそう、そうそうそう。

石川　「みんなの党」をつくられたのではないかと、私は推測しているのですが。

渡辺喜美守護霊　そりゃ、まあ、そうだけども、ある程度、基礎《きそ》層として、議員数は多けりゃ多いほどいいよな。うーん。民主と逆転するぐらいまで大きくなっといたほ

うがいいことは確かだ。ほんとは、どっちかといえばな。

石川　そうですね。

渡辺喜美守護霊　だから、動機においては、まあ、石原《いしはら》のとっつぁんと一緒かもしらん。一発逆転、一発必勝の首相戦略？　自民のなかにいたんじゃ、なかなかなれそうにないからさ。

特に、公務員改革のところは、役人の抵抗《ていこう》が激しいから、なかなか（総理大臣に）なれそうもないけど、自民党が、やはり、「どうしても法案が通らない」、あるいは、「憲法を改正したい」とかいうことになれば、まあ、話が変わってくることもあるかもしらんからな。

石川　そうですね。もう少し、自民党の議員数が減れば、もっとキャスティングボート（主導権）を握《にぎ》れる可能性があるかもしれません。

渡辺喜美守護霊　ちょっと、今回（二〇一三年参議院選挙）、勝ちすぎたなあ。これで法案が通ってしまうもんな。

公明も偉そうに言うとるけど、法案だけだったら、公明は要らんのじゃないか。な？　公明の協力がなくても通っちゃうんだろう？　自民党だけで。

石川　そうですね。

渡辺喜美守護霊　だから、憲法を改正するには公明が要る。憲法改正には要るけども、必要十分条件ではない。だけど、自民・公明だけで憲法改正ができるところまでは行っていない。

だから、やっぱり、そのへんで、今、「維新」と「みんな」がどの程度やるかのつばぜり合いをやっとるところだな。

まあ、安倍さんも、うれしいけど、完全に喜べないようなところではあろうなあ。

うーん。

5　経済政策の背景にあるもの
とりあえず「栃木県《とちぎ》を発展させる方法」は考えている

武田　それから、経済政策に関しては、「インフレターゲット（インフレ目標）を設《もう》ける」とか、「金融緩和《きんゆうかんわ》をしていく」とか、そういった政策が掲《かか》げられており、幸福実現党や自民党の政策と、かなり一致《いっち》していると思われますが、これについては、どうなのでしょうか。「ほぼ同じである」という認識はおありですか。

渡辺喜美守護霊　ああ、だから、わしは、安倍《あべ》よりは頭がいいけどねえ、安倍よりは間違《まちが》いなく頭がいいんだけども、ずっとはよくないから、そらあ、大川さんの言うとおりにしといたほうが、だいたい合ってるんじゃないの？

武田　（笑）そうすると、例えば、今後の具体的な成長戦略などは、お持ちではないのですか。

渡辺喜美守護霊　ああ、いや、「栃木《とちぎ》県を発展させる方法」については考えてるから、いろいろね。

武田　（笑）なるほど。

渡辺喜美守護霊　うん、それは考えてる。

武田　国家の成長戦略とか……、

渡辺喜美守護霊　だから、幸福の科学を誘致《ゆうち》して、発展してるよ。新幹線の乗降客も増えてねえ、那須《なす》町のあたりにも、今、発展への道が開きつつある。もうすぐ、いい国道が通るぞぉ。うん、きっとなあ。君らの学園も……。

自民党政策をパクリと批判する「みんなの党」も実はパクリ？

武田　テレビでは、自民党が経済政策を発表すると、「みんなの党が言っていた話を、自民党がパクったんです」というように、よくおっしゃっていたのですけれども……。

渡辺喜美守護霊　な、何？　何？　何について？

武田　経済政策ですね。「インフレターゲット」とか、「金融緩和すべきだ」といった話とかです。あのあたりについては……。

渡辺喜美守護霊　ああ、うーん、うんうん、まあ……。そう……、そうでもある。

武田　そうでもある？

渡辺喜美守護霊　うん。そうでもある。

武田　やや人気取りのところが……。

渡辺喜美守護霊　うん、まあ……、ああいう考えのほうに近いかな。考えとしては、そうではある。

武田　ふんわりと？

渡辺喜美守護霊　そうではあるけど、ただ、あれのなかには、削減《さくげん》の問題もあるからね。公務員削減、出費の削減っていう考えはあったから、まあ、その意味では、民主党がやろうとした部分も、一部は入ってはいるからな。

武田　ただ、先ほどの経済政策は、みんなの党より先に、幸福実現党が二〇〇九年の最初の段階で、政策の柱の一つとして発表していたものだと思うのです。このあたりについては、幸福実現党の政策の影響《えいきょう》もあるのではないでしょうか。

渡辺喜美守護霊　だから、「大川さんが賢《かしこ》いのは認めている」って言うとるじゃないか。

武田　そうですか。

渡辺喜美守護霊　いったん目にしてしもうたら、「自分のものか」と思ってしまうじゃない？

武田　思う？　そうですか、なるほど。

渡辺喜美守護霊　いや、まあ、読んだものが、全部、頭に入るだろう？　入ったら、「自分のものか」と思うだろうが。政治家っていうのは、そんなもんじゃないか。（人から）聞いた話も、自分の話にするんだ。これが政治家なんだからさ。

武田　そんなものですか。

「ブレない党」渡辺代表の消費増税に対する本音と建前《たてまえ》

石川　ただ、「ブレない、みんなの党」とアピールしておられますね。

渡辺喜美守護霊　あ、ブレない？　うーん、うーん。

石川　二〇〇九年のときも……。

渡辺喜美守護霊　ブレてない、ブレてない。全然、ブレない。

石川　ええ。「消費増税は、やめたほうがよい」と。

渡辺喜美守護霊　「私の党」としては、全然ブレてない（会場笑）。"MY PARTY《マイパーティー》"だよ。

石川　いやいや、「消費税増税をどうするか」という議論の期限が、今秋に迫《せま》っておりまして、これについてお伺《うかが》いしたいのです。

渡辺喜美守護霊　ああ、それなあ。これは困ったなあ。実は、ほんとに困ってる。これはねえ、公認会計士的発想から見れば、消費税は増税したほうがいいと思われる。うんうん。基本的には、収支を合わせる方向で考えたほうが、国家としてはいいと思われる。

ただ、先ほど言ったように、大阪《おおさか》の橋下《はしもと》市長みたいに、府知事の時代から、公務員の削減、給料の削減等に取り組んで、（一時的に）〝黒字化〟した例もあるからね。それで実績を上げて、人気が上がったところもある。ただの空気だけではなかった部分もあるんだ。彼は、公務員をいじめて人気を取ったんでね。世論《せろん》を味方につけて、マスコミも味方につけて、公務員をいじめて、〝あれ〟したからな。

「それを全国規模でやろう」っていうところでは、（みんなの党と）意思の疎通《そつう》はできとった。それをやらないで増税っていうのは、ちょっとね。

まあ、プライマリーバランス（基礎《きそ》的財政収支。国債《こくさい》発行分を除いた税収等による収支）を考えれば、本来、消費税増税も考えるべきではあるんだけども、うーん……。やっぱり、〝贅肉《ぜいにく》〟の部分は、どうしても削《けず》らなきゃいかんからね。

親父《おやじ》の代から「幸福の科学の政策提言」を勉強していた？

石川　みんなの党が発行している直近のアジェンダ（政策目標）を見ますと、「短期的なＧＤＰ等のデータだけを見て、デフレ下で消費増税することは反対だ。九〇年代には約六十兆円あった税収は、二十年余りの間に四十兆円まで落ち込《こ》んでいる。だから、消費税を上げる前にやるべきことがある」というようなことが書いてあるのですが。

渡辺喜美守護霊　まあ、それはもう、君らの意見と一緒《いっしょ》だよ。ほんとは一緒なんだけどね。

親父《おやじ》だってさあ、君らの意見はけっこう取り入れとったんだ。ちゃんと聞いて勉強しとったんだから。うちの親父は、幸福の科学の考えをちゃんと勉強しとったよ、ちゃんとな。ちゃんとしとったからさ。九〇年代にも、自民党には、けっこう政策提言をしておったから、基本的に、それは受け取ってたんだ。

まあねえ、うーん……。（舌打ち）まずいなあ。

「抜本《ばっぽん》的な税制改革案」を問われて話をはぐらかす

石川　それでは、少し話を変えたいと思います。

みんなの党では、「抜本《ばっぽん》的な税制改革」を提唱されていますが……。

渡辺喜美守護霊　うーん。

石川　今、例えば、イギリスでは、スターバックスが法人税を払《はら》っていなかった問題や、アメリカでも、アップルが子会社に利益を移し、税金を逃《のが》れていた問題など、そういった税金問題が、国際的にもいろいろと話題になっていますが、渡辺代表は、今……。

渡辺喜美守護霊　君、国際派なんだなあ。

石川　いやいや。

渡辺喜美守護霊　スタバなんかで飲むような人間は、日本人じゃないよ。やっぱりな。

石川　いや、スタバの話題ではなくて……（笑）。

武田　栃木にもスタバはありますよ。

渡辺喜美守護霊　いやあ……、あんな……。

石川　宇都宮《うつのみや》駅にもスタバはあります。

渡辺喜美守護霊　あんなところはねえ、もう、バタくさい人間しか入れんわ。

武田　（笑）そうですか。

渡辺喜美守護霊　そんなところに入ったらいかんよ、やっぱりな。あんなとこ入ったらいかんわ。うーん、日本茶で行きなさい、日本茶で。

「みんなの党」は減らさずに政治家を減らす方法を発明したい

石川　話を戻《もど》しますと、アジェンダには、「『自由償却《しょうきゃく》税制』を導入して、民間の投資を促進《そくしん》し、経済成長を実現しよう」というようなことも書いてあるのですが、これらの税制改革案について、何か語っていただけることがありますでしょうか。

渡辺喜美守護霊　いやあ、この税制の部分に関しては、野党の立場と与党《よとう》になる場合とでは、多少、意見が変わるからね。当然変わるので、それはちょっと難しい。野党としては、攻撃《こうげき》できるものには何でも〝弾《たま》〟を撃《う》たなきゃいかんからね。

石川　ああ、なるほど。

渡辺喜美守護霊　攻撃できるものには何でも撃つけども、まあ、与党になったら意見は変わるだろうな。

うーん……、まあ、とにかく、発想的には分かる。公務員の数を減らして、役人の数を減らせば、無駄《むだ》な公共投資みたいなものが減ることは事実だろうと思うのね。（金を）撒《ま》く人がいれば、人の数分だけ撒くからね、必ず。

政治家一人当たりでは幾《いく》ら撒いとるか、割り出してみたらいいよ。そうしたら、まあ、減らしたくなる気持ちは分かる。

だけど、みんなの党を減らさずに、政治家全体を減らすのは難しい。これが難しいんだな。その方法さえ発明できたら、わしは、もう、完全にそれをやるんだけどなあ。

栃木《とちぎ》でご当地マスコット「よしミン」を売り出したい？

渡辺喜美守護霊　無駄な出費はけっこうあるよ。東日本震災《しんさい》対策費が、九州の〝村おこし〟に使われてるみたいなのは、やっぱり、おかしいよなあ。

もし、「くまモン」とかを広げるために使われてたら、東日本震災対策とは言えんよ。

それは、やっぱり違うわな。

石川　まあ、「行政改革」と「公務員削減」と「規制緩和」が、みんなの党の柱だと思いますが……。

渡辺喜美守護霊　いやあ、栃木《とちぎ》も、何か、もうちょっといいマスコットを考えつかなきゃいかんのだ。

石川　「くまモン」のようなものですか。

渡辺喜美守護霊　うーん、あれにはやられた。ああいう、ちょっと面白《おもしろ》いのが、よそでいろいろ出てきとるからな。

栃木も、「よしミン」とか何かつくれねえかな（会場笑）。

武田　みんなの党の代表が考える話ではないかもしれませんけどね。

渡辺喜美守護霊　うーん。

6　外交スタンスを明かす

本音を言えば「外交」や「安全保障」には強くない

武田　それでは、少し話題を変えまして、外交・安全保障関係について伺《うかが》います。

渡辺喜美守護霊　外交の安全保障……。

武田　今、中国や北朝鮮《きたちょうせん》をはじめ、東アジアが非常に緊迫《きんぱく》しているかと思うのですが……。

渡辺喜美守護霊　うーん、まあ……、いや、ほんとのこと言うと、あんまりねえ、そのへんは、ずっと強くはないんだ。外交や安全保障は、そんなに強くはない。わしは、やっぱり、泥臭《どろくさ》さが売りもんだからな。

武田　ただ、先ほど、「原発をなくしてしまうことは、中国の脅威《きょうい》を呼び込《こ》むことだ」とおっしゃっていました。そうした中国の脅威に対しては、どうしたらよいとお考えですか。

渡辺喜美守護霊　……と、大川さんが言うとるから、まあ、そうなん……。

武田　（笑）じゃないかと？（会場笑）

渡辺喜美守護霊　もう、わしは、よう分からんけど、まあ、そうなんじゃないの？

武田　はあ。

渡辺喜美守護霊　うーん、いちおう、そうなんじゃないの？　向こうが「（原発を）なくさせたい」と思ってるからな。

中国がガス田の試掘《しくつ》をしまくっていることは問題

石川　では、例えばの話ですが、もし、尖閣沖《せんかくおき》に大きなガス油田等が発見されたとしたら、原発をどうされるつもりですか。

渡辺喜美守護霊　ガス油田？　油田とかガス田とか、いっぱいあるのは、もう分かってるじゃん。すでにあるんだから。

石川　ただ、採算ベースに乗らないと、まだ代替《だいたい》エネルギーにはならないと思うのですが。

渡辺喜美守護霊　うーん、まあ、もちろん、掘《ほ》っても採算が取れるかどうかは別だけど、中国がもう試掘《しくつ》しまくっとるよな。採掘してるから。

武田　確かに、勝手にやっていますね。

渡辺喜美守護霊　やってるよなあ。あれは問題だと思うな。確かに、そう思う。

尖閣《せんかく》問題は「放射能汚染《おせん》水入りドラム缶《かん》」の配置で解決?

渡辺喜美守護霊　今、福島の放射能汚染《おせん》水問題で、何か問題視してるじゃん。なあ?「海水に流れてる」って。

武田　はい。

渡辺喜美守護霊　あれをドラム缶《かん》に詰《つ》めて、尖閣《せんかく》周辺にしっかりと貯蔵すべきだな。それで、日本が実効支配すればいい。

武田　貯蔵ですか。

渡辺喜美守護霊　あそこに、ドラム缶に汚染水をいっぱい詰めて、置いといたらいいよ。うん。積んどいたらいいんだ。

武田　なるほど。それが、あなたの尖閣問題への対処法ですか。

渡辺喜美守護霊　そう、解消法。

武田　（笑）渡辺案ですね？

渡辺喜美守護霊　あと、沖縄《おきなわ》近海に無人島がたくさんあって、これを守り切れんっていうんだろう？　無人島が五十も百もあるって話がある。わしは、数は知らんけど、その全部に、汚染水を詰めたドラム缶を置いとくんだ。

武田　なるほど。その方法でいけば、人を置く必要はないわけですね。

渡辺喜美守護霊　そうしたら、原爆《げんばく》は要《い》らんのだ。原爆は要らん。いざというときには、自衛隊が行って、機関銃《じゅう》を撃《う》ってドラム缶の汚染水を周りにばら撒《ま》いたら、もう、そこに上陸して住むことはできなくなる。彼らが基地をつくりたくても、上がれんからさ。これで、もう終わりだ。

武田　ええ、なるほど（笑）。

竹島《たけしま》上空から汚《お》染《せん》水ドラム缶《かん》一万個を落とせば実効支配可能？

石川　では、竹島《たけしま》も、そういう方法で……。

渡辺喜美守護霊　竹島は、〝爆弾《ばくだん》〟として、上からドラム缶《かん》ごと落としたらいいよ。竹島にはねえ、その汚染《おせん》水をドラム缶に詰めて、パラシュートを付けてもいいな。いきなり落としたら、破裂《はれつ》して殺人罪になるから、それはやっぱりやったらいかん。ゆっくり降ろしてやったらいい。パラシュートを付けて、竹島の上空、高度一万メートルから、竹島に落ちるように落としてやる。

まあ、たぶん、島に着陸するものもあれば、近海に落ちるものもあるであろうけども、上からドラム缶を一万個ほど落としてやったら、（日本が）竹島を実効支配できる可能性は高くなると思う。そこへ駐在《ちゅうざい》したいという人が、誰《だれ》もいなくなってくるだろうからな。

武田　なるほど。

渡辺喜美守護霊　大統領も二度と来んだろう。

武田　非常に〝ユニーク〟なアイデアですね。

放射能汚染《おせん》された尖閣《せんかく》・竹島《たけしま》に年配者を集めて年金問題解決？

渡辺喜美守護霊　そのあと、日本の嫌《いや》な年寄りたちを集結させればいいんだ。

武田　はあ。

渡辺喜美守護霊　敵が逃《に》げたら、あとは、居住移転だ。「避難民《ひなん》は、もう福島に住まんでいいから、全員、竹島《たけしま》や尖閣《せんかく》のほうに住むように。ガスマスクを着けても構わんし、放射能よけの服を着けてもいいんだけど、寿命《じゅみょう》がある限り生きるように頑張《がんば》れ。できるだけ、汚染《おせん》した魚も食って、寿命を縮める努力をしてくれ」ということだな。これで、年金問題の解決も図《はか》れる。

武田　なるほど。うーん……。

「尖閣《せんかく》を栃木《とちぎ》県所属」にすれば国防問題は乗り切れるのか

武田　「今、国防上の危機が来ている」という認識はありますよね？

渡辺喜美守護霊　うーん。まあ、ちょっとは分かるけども、話としては、あんまり道州制には合わんのだ。

武田　そこなんですよ。その関係を伺いたかったのです。

渡辺喜美守護霊　だから、そこが困っとるのだ。大川さんの批判も、ここは、ちょっと当たりがきついんだよ。うーん。

武田　今、沖縄の状況《じょうきょう》を見れば、道州制はありえないことが本当によく分かるはずですが。

渡辺喜美守護霊　沖縄はいかん！　沖縄はいかんね！　あれはね、尖閣《せんかく》を東京都のものにしようとしたんだろう？　石原《いしはら》前都知事はな。

武田　そうですね。ええ。

渡辺喜美守護霊　「尖閣を東京都の所有にしよう」ってな。それがいいんだったら、沖縄を栃木《とちぎ》県の所属にしたらいいんだよ。

武田　（笑）

渡辺喜美守護霊　ね？　栃木県に所属させたらいいんだよ、沖縄を。うん。それだったら、独立できんようになる。

武田　いや、今、実際には、その沖縄が国を振《ふ》り回している状態です。

渡辺喜美守護霊　だから、栃木県知事が沖縄県知事を兼《か》ねたらいいんだよ。

だって、北海道・沖縄開発庁長官とか、両方の大臣を兼ねることがあるわけだから、北海道と沖縄と、普通《ふつう》にできるんじゃないか。それは、出張ベースでしかやれんっていうことだけどな。

要するに、法律を改正して、「栃木県知事と沖縄県知事を兼ねる」というふうにすれば、人口はこっちのほうが多いから、絶対、栃木県知事が沖縄県知事を兼ねることになる。

石川　山の幸《さち》と海の幸が両方とれて、いいかもしれませんね（笑）。

渡辺喜美守護霊　うーん。これ、いいよな。だから、沖縄をわしによこせ。そうしたら支配してやる。

武田　（笑）では、総理大臣になったら、そういうことを考えたいのでしょうね。

渡辺喜美守護霊　それは、まあ、大丈夫《だいじょうぶ》だ。任しとけ！

「集団的自衛権」に反対する内閣法制局など廃止《はいし》すればいい

石川　日米同盟を大事にされていると思いますが、集団的自衛権については、どのようにお考えでしょうか。

渡辺喜美守護霊　集団的自衛権ね。これは、政府がやりたくて困っとるところだからなあ。

今、内閣法制局長官か何かを人事異動したりして、元長官をやってたやつらが、「クーデターだ」みたいに騒《さわ》いだりしてるらしいけど、「そんなの、何がクーデターだ。内閣法制局は、行政府の下請《したう》け機関じゃないか。上が命ずるとおりに動いておればいいいんだ」みたいな感じで、戦いをやってるよね。

いやあ、もう、内閣法制局を廃止《はいし》したらいいんだよ。そうすれば終わりだ。あとは、首相の解釈《かいしゃく》どおりやったらいい。

だいたい、最高裁もあるのに、あんなもんが要るわけないじゃないか。なあ？「違憲《いけん》かどうか」なんて判断は、最高裁がやりゃあいいことだよ。

まあ、憲法裁判所みたいなものがある国もあるけど、（日本では）いちおう、最高裁がその役割を果たしとるわけだ。最高裁で判断すりゃあいいことで、内閣法制局の見解なんて要らないよ、そんなの。要らない要らない！

だから、「首相が『集団的自衛権を認める』と言ったら違憲だ」と思う人は、まあ、訴《うった》えたらいいんだ。訴訟《そしょう》を起こして、最高裁まで行ったらいい。それが最高裁に行くまでの間に、国境紛争《ふんそう》は終わっとるだろう。

武田　まだ終わらないと思いますが……（笑）。どうしましょうか。

渡辺喜美守護霊　うーん。まあ、いいんじゃない？

武田　いいんですか。

渡辺喜美守護霊　裁判をしてるうちに、もう、だいたい紛争は終わってるだろう。裁判したら、十五年ぐらいはかかるだろうから、その間にね、いちおう、必要なことはできるから、内閣の解釈でやっちゃったらいいんだよ。うん。

中国については「栃木《とちぎ》から遠いので、よく分からない」

武田　ちょっと待ってください。そうしますと、今、おっしゃった国際紛争は、渡辺さんの見立てでは、どのようになっていくと思っておられるのですか。

渡辺喜美守護霊　よう分からんのだ。

武田　（笑）よく分からない？

渡辺喜美守護霊　おたくの教祖がそう言うとるから、「まあ、そういうふうになるんかいなあ」と思うとるんだけども……。

武田　「明るい未来」を見ているのですか。

渡辺喜美守護霊　え？　明るいも暗いも、よう分からんのだ。そらあ、よう分からない。

武田　それは分からない？

渡辺喜美守護霊　よう分からない。いや、栃木《とちぎ》と中国は遠くてのう。よう分からんのだねえ。

武田　ほう、なるほど。

渡辺喜美守護霊　もし、わしが新潟《にいがた》県の〝あれ〟だったら、まあ、韓国《かんこく》との関係も考えるし、わしが九州の〝あれ〟だったら、中国とのことも考えるけど、ちょっと距離《きょり》があってなあ。よう分からんといえば分からんのだ。

石川　ロシアはどうですか。ロシアも遠いですか。

渡辺喜美守護霊　ああ、ロシアも遠いよなあ。

石川　ただ、いちおう、アジェンダには、「天然ガスの供給を受けるための事業を促《そく》進《しん》したい」といったことも書かれているんですよね。

渡辺喜美守護霊　うーん、まあ、そうだけど、ほんとは、それは、北海道を利することになるからなあ。

政治家の嫉妬《しっと》の対象になっている「大川談話」

石川　もうすぐ終戦記念日ですので、「靖国《やすくに》問題」や、「河野《こうの》談話」「村山《むらやま》談話」、それから、「大川談話」というものも、ご存じかもしれませんが（『「河野談話」「村山談話」を斬《き》る！』〔幸福の科学出版刊〕参照）、そのあたりについて、お考えを教えていただければと思います。

渡辺喜美守護霊　君ねえ、「大川さんは寿命を縮めた」と、わしは思うなあ。あんなの、絶対に嫉妬《しっと》の対象だよ。

武田　嫉妬ですか。

渡辺喜美守護霊　そらあ、嫉妬されてるわ。

石川　では、みなさん、本心では支持しているわけですか。

渡辺喜美守護霊　政治家をさしおいて、あんな「大川談話」なんかを出すっていうのはねえ、これは、もう……。

武田　政治家が、嫉妬しているのでしょうか。

渡辺喜美守護霊　そりゃあ、そうだ。これは、もう生意気も度を超《こ》してるわなあ。

石川　大川総裁は、「大川談話」のなかで、先の大東亜《だいとうあ》戦争を、「アジアの同胞《どうほう》を解放するための聖戦《せいせん》」と言われました。

渡辺喜美守護霊　まるで、天皇陛下みたいな気分だなあ。「天皇陛下が詔勅《しょうちょく》を下《くだ》した」みたいな感じだよ。なあ？

武田　うーん。

渡辺喜美守護霊　まあ、そんな印象があるからさ。

「大川談話」の内容を発表できる政治家がいるなら「顔が見たい」

武田　内容に関しては、どうなのですか。

渡辺喜美守護霊　嫉妬されてるわ。あまり〝気分よく〟書いとるから、嫉妬されとるが、内容は、そのとおりだ。

武田　「そのとおりだ」と思われている？

渡辺喜美守護霊　ああ、それは、そうだ。

石川　ご自分も、ああいうものを、スパッと、かっこよく出したかった？

渡辺喜美守護霊　内容はそのとおりだけど、あれが言える政治家がおったら、まあ、顔が見たいわ。みんな、あれが言えん。言ったら、マスコミにつるし上げられるに決まっとるからな。

武田　そうですね。政治家に任せておけないので、大川総裁が出されたのだと思いますよ。

渡辺喜美守護霊　天皇の詔勅みたいだから、嫉妬されとるね。安倍《あべ》さんだって、もうギラギラしてるよ。

武田　ああ。

渡辺喜美守護霊　「このくらいやれたらいいなあ」と思うとる。悔《くや》し紛《まぎ》れに、林のなかにゴルフの球を打ち込んどるんだよ、あれは、きっと（注。安倍首相は、夏休み期間中、ゴルフをしていた。本書４節参照）。

武田　（笑）

石川　では、少なくとも、保守系の政治家は、内心では、やはり、「これは、正しいことを言われている」と思っておられるのでしょうか。

渡辺喜美守護霊　いや。あそこまで言えたら、もう、元首だよ。

石川　「大川談話」は、アメリカも、若干《じゃっかん》、刺激《しげき》する内容かもしれませんけれどもね。

渡辺喜美守護霊の歴史認識は、「大川さんの言うとおり」？

武田　渡辺さんの歴史認識は、大川総裁と一致《いっち》しているのですか。

渡辺喜美守護霊　「歴史認識」っていうのは、何？　朝鮮や中国のことかい？

武田　そうですね。あとは、先の大戦の評価などです。

渡辺喜美守護霊　これは、「どっちにでも使える」とは思っておるんだけど……。

武田　「どっちにでも使える」？

渡辺喜美守護霊　いや、まあ、「与党《よとう》の関係により」な。

武田　ご本人の評価としては？

渡辺喜美守護霊　ん？　わしの評価？

武田　はい。

渡辺喜美守護霊　わしの評価は、あんまり、よう分からんから……、まあ、大川さんの言うのが、たぶん、正しいんじゃないの？

武田　「大川総裁の言うとおり」、ですか（笑）。

渡辺喜美守護霊　うん。

武田　では、「大川談話」を見て、アバウトに、「まあ、正しいのかな」と思うぐらいでしょうか。

渡辺喜美守護霊　いやあ、談話だけでないでしょう？　本がいっぱい出てるんでしょう？

武田　出ていますね。

渡辺喜美守護霊　ね？　出てるんでしょう？　いや、わしには、いちおう、信仰心《しんこうしん》があるからね。

武田　なるほど。

渡辺喜美守護霊　信仰心はある。だから、何に近いかって言やあ、やっぱり、日本神《しん》道《とう》のほうに、考えは近いかなあとは思うがな。

「中国対策」が整《ととの》わなければ、首相の靖《やす》国《くに》参《さん》拝《ぱい》はできない？

石川　渡辺さんは、いちおう、「みんなで靖《やす》国《くに》神社に参《さん》拝《ぱい》する国会議員の会」のお一人だと思うのですけれども、やはり、内心としては……。

渡辺喜美守護霊　「みんなの党」を、「みんなが参拝する党」に変えろって？

石川　いえいえ、そこまでは言っていません（笑）。

渡辺喜美守護霊　あん？

石川　そうは言っていませんが、やはり、「靖国神社には、首相も参拝すべきである」とお考えでしょうか。

渡辺喜美守護霊　うーん。そりゃあ、まあ、長年トラブっとるから、それだけの理由はあるんだろうし、「韓国や中国との仲を、これ以上、冷《ひ》え込ませていいかどうか」っていう外交問題はあるんだろうからさ。

それ（靖国参拝）をやったら、冷え込むのは間違いないのと、防衛上の問題や危機が出てくる可能性が高いんだろうから……。

武田　はい。

渡辺喜美守護霊　それをやったら、また中国が必ず怒《いか》り狂《くる》って、焼き討《う》ちと、領空侵《しん》犯《ぱん》、領海侵犯を増やすんだろう？　やったら、やり返してくるのは、ほぼ間違いないので、いちおう、その対策まで考えないとできんのだろうからさ。

渡辺氏が幸福の科学に入信するための「条件」とは

渡辺喜美守護霊　まあ、そのへんがあるけど、基本的には、〝あれ〟だなあ。だから、みんな、幸福の科学の信者になってしもうたらいいのと違うかな？

例えば、「閣僚《かくりょう》になるには、幸福の科学の三帰者《さんきしゃ》になる必要がある」ということにすれば、みんなで参拝できるじゃない？　なあ？

武田　それでは、渡辺さんも、三帰誓願《さんきせいがん》されますか。信者になりますか。

渡辺喜美守護霊　いや、わしは、いつなってもいいんだけどなあ。

武田　ええ。

渡辺喜美守護霊　ただ、まあ、うーん、その、なんちゅうか、政治家としては、いろんな宗教も、いちおう票田《ひょうでん》だからなあ。そのへんとの兼ね合いがあるからさ。公然と言ってやるには、ちょっとね。なかなか期待に沿えんからな。
那須《なす》にまで来て、本山を張ってくれとるから、「いつでも信者になってもいい」という気分はある。

武田　そうなんですね。

渡辺喜美守護霊　ここ（幸福の科学）は、寛容《かんよう》だからさ。

武田　そうです。

渡辺喜美守護霊　幸福の科学の信者になっても、別に、日本神道の神様を信じたって、仏様を信じたって、イエス様を信じたって構わんのだろう？　いい宗教じゃないか。
日本人が帰依《きえ》するっていったら、今は、もう、ここしかないね。なあ？　そういう意味では、いい宗教だと思うよ。

武田　うーん。

渡辺喜美守護霊　だから、わしは、別に三帰しても全然構わん。まったく構わん。本当に、君らの応援《おうえん》だけで当選できるようになるんだったら、いつでも、そうしたいけどなあ。まあ、その気持ちは、十分にあるよ。

武田　なるほど。そうですか。

渡辺喜美守護霊　ともに、栃木県の発展のために構想を練ってくれるっていうんだったら、頑張る気はある。うん。

武田　（笑）

渡辺喜美守護霊　なんで、幸福の科学大学を千葉に持っていくんだ？（会場笑）栃木に建てんかい！
おたくの長女（大川咲也加《おおかわさやか》）が、余計なことを言うたらしいなあ。

武田　いえいえ。

渡辺喜美守護霊　お仕置きしなきゃいかん、お仕置きを。大学も栃木でいいんだよ。

武田　まだ、分校など、構想はたくさんありますので……。

渡辺喜美守護霊　なんで千葉県が喜ぶようなことをするんだ？　津波《つなみ》が来たら、どうするの？

武田　大丈夫です。当然、対策を持っておりますので。

栃木《とちぎ》県の農業が滅《ほろ》びない限り、「ＴＰＰは完全解禁」

石川　栃木《とちぎ》県にも関係するかもしれませんが、ＴＰＰについて、お伺いします。

渡辺喜美守護霊　ああ。ＴＰＰなあ。

石川　「とちおとめ」などのイチゴもありますし……。

渡辺喜美守護霊　うーん。そうなんだ。「とちおとめ」は守らないかん。

石川　「減反《げんたん》政策の廃止」や、「農地の所有を、もっと自由化する」など、いろいろ言われていますけれども……。

渡辺喜美守護霊　うん。栃木の米は、うまい！

石川　そうですね（笑）。

渡辺喜美守護霊　栃木のイチゴは、世界一だ！

石川　栃木のお米とイチゴを、世界に輸出するために、やはり……。

渡辺喜美守護霊　うーん。栃木の餃子《ギョーザ》は、うまい！　浜松《はままつ》なんかに負けんぞ！

武田　そうですか（苦笑）。

石川　ＴＰＰについては、「原則、推進すべき」ということで、よろしいのですか。

渡辺喜美守護霊　ああ。栃木県の農業が滅《ほろ》びない限り、完全解禁だ。栃木県の農業は、やっぱり、守らなければ……。

石川　「米の関税」なども、なくしてしまって大丈夫でしょうか。

渡辺喜美守護霊　うーん。「栃木県民は、栃木県米を食うように」という条例を制定する。

石川　（苦笑）そうですか。

渡辺氏がＴＰＰを推進する「本当の理由」

渡辺喜美守護霊　あとは、まあ、基本的には、よう分からんけど、大川さんが、「ＴＰＰをやらなかったら、中国から守れない」って言うとるから、たぶん、そうなんだろうよ。

武田　「そうなのだろう」という感じなんですね？

渡辺喜美守護霊　たぶん、そうなんだ。安倍も、それで動いてるから、たぶん、そうなんだろうよ。最初は、安倍も、「山口では反対しないと危ない」と思ってた。ＴＰＰに反対しないと、山口じゃ、ちょっと危ないからさ。

武田　なるほど。

渡辺喜美守護霊　地元は、農業・漁業の県だから、「ＴＰＰには反対」と思うとったみたいだけど、大川さんが、「ＴＰＰに入らないと、中国包囲網《ほういもう》をつくれないで、あちらの陣営《じんえい》に入ってしまう」と脅《おど》すから、それで、安倍も〝宗旨替え《しゅうしが》〟をしたらしい。

武田　うんうん。

渡辺喜美守護霊　そりゃあ、そういう先が見える人の言うことをきいといたほうが、いいんだろうとは思うよ。

まあ、栃木には、川魚《かわざかな》ぐらいしかいないから、漁業は……。

武田　（笑）それは、ちょっと……。

渡辺喜美守護霊　だから、漁業は、ちょっと、あんまりねえ……。

そうだ！　陸でつくる魚もあるよな？（注。好適環境水《こうてきかんきょうすい》という特殊《とくしゅ》な水を使い、山村部で海水魚を養殖《ようしょく》する技術が開発されている）

武田　そうですね。あります。

渡辺喜美守護霊　あれを、栃木に持ってこいよ。

武田　なるほど。

渡辺喜美守護霊　なあ？　栃木で、漁業をやろう。

武田　そうですね。

渡辺喜美守護霊　な？　福島の漁業は、もう駄目《だめ》だから、栃木で漁業をやろうよ。

武田　そうですねえ。

渡辺喜美守護霊　まあ、ここだけは、なんかのときに補助金をくれれば、別に、いいわ。

武田　ふーん。なるほど。

渡辺喜美守護霊　栃木は、遷都《せんと》をしなきゃいかん所だから、それには、補償《ほしょう》が要るわな。

武田　分かりました。

渡辺喜美守護霊　うんうん。

7　過去世《かこぜ》へのこだわり

「太閤秀吉《たいこうひでよし》」でありたいが、有名すぎるので違《ちが》う

武田　では、最後に、こちらにいらっしゃった方、みなさんにお訊《き》きしているのですが、「霊的《れいてき》な真実」として、渡辺さんの過去世《かこぜ》などを伺《うかが》いながら、その本質に迫《せま》りたいと思うのですけれども、明かすことのできる過去世などをお教えいただければ幸いです。

渡辺喜美守護霊　うーん。できたら、「そうありたい」というのは、「太閤秀吉《たいこうひでよし》」だなあ。

武田　「できたら」、ですね？　「そうありたい」と思うのは、太閤秀吉だと？

渡辺喜美守護霊　太閤秀吉でありたいなあ。

武田　それで、ご本人は、どういった方なのでしょうか。

渡辺喜美守護霊　ご本人は、ちょっと違《ちが》うかもしらん。できれば秀吉でありたいが、秀吉は有名すぎるわなあ。

武田　当会のかつての霊査《れいさ》では、お父様（渡辺美智雄《みちお》氏）の過去世が蜂須賀小六《はちすかころく》であり、まさに……。

渡辺喜美守護霊　うん。あれは、秀吉の部下だなあ。あれは野盗《やとう》だ。河原《かわら》の野盗が大尽《だいじん》になった。蜂須賀小六は、君ねえ……。

武田　徳島なんですよね。

渡辺喜美守護霊　そう。徳島県なんだよ。阿波徳島藩《あわとくしまはん》の〝開祖〟だ。

武田　そうですね。

渡辺喜美守護霊　だから、そういう意味では、深い深い霊的なつながりがあるんだ。

武田　ええ。ご縁《えん》を感じますね。

渡辺喜美守護霊　親父《おやじ》が、エル・カンターレをつくったようなものなんだ。

武田　（苦笑）

渡辺喜美守護霊　親父がねえ、聖地・徳島をつくったんだよ。

武田　はあ。

渡辺喜美守護霊　その意味じゃ、君ねえ、それはもう、君たちの知恵《ちえ》を絞《しぼ》って、できる限り、わしを偉《えら》くしなきゃいかん。

天照大神《あまてらすおおみかみ》を生んだ「伊邪那岐大神《いざなぎのおおかみ》」が過去世《かこぜ》と強弁

渡辺喜美守護霊　何にしたらいいんだ？　過去世《かこぜ》を。

武田　今、お話しくださっている方は、蜂須賀小六と同じ時代の方ですか。

渡辺喜美守護霊　時代？

武田　安土《あづち》・桃山《ももやま》時代とか……。

渡辺喜美守護霊　わしの時代か。

武田　はい。

渡辺喜美守護霊　神代《かみよ》の時代なんじゃないかなあ。

武田　神代の時代ですか。

渡辺喜美守護霊　うーん。わしゃあ、何となく、天照大神《あまてらすおおみかみ》を生み落としたような気がするなあ。

武田　いやいやいやいやいや（会場笑）。

渡辺喜美守護霊　え？

石川　それは、ありえないと思います。

渡辺喜美守護霊　いやあ、伊邪那岐大神《いざなぎのおおかみ》じゃないかなあ。

武田　いや、それは、ちょっと……。

渡辺喜美守護霊　え？　だいたい、そのくらいの霊格《れいかく》なんじゃないか。（伊邪那岐大神に）匹敵《ひってき》するような気がする。

武田　うーん。

渡辺喜美守護霊　何となく、わしが左目を洗ったときに、天照大神が生まれたような気がするなあ。あれは、九州じゃなくて、本当は、栃木《とちぎ》だったんだろう。

石川　（苦笑）

渡辺喜美守護霊　那珂川《なかがわ》（栃木県・那須岳山麓《なすだけさんろく》を源《みなもと》とする川）で目を洗ったときに、天照大神が生まれたんだ！　そのあと、ＵＦＯが九州に連れ去ったんだよ。

武田　やはり、ここでは真実を語らないと、後々《あとあと》、非常にまずいことになると思いますよ。

渡辺喜美守護霊　君らの昔の本には、「生長《せいちょう》の家《いえ》の谷口雅春《たにぐちまさはる》（の過去世）が伊邪那岐大神だ」なんていうことが書いてあったが（現在は、『大川隆法霊言《れいげん》全集　第17巻』に所収）、あんな、敵をほめるようなことを書いたら駄目《だめ》だからね。君ぃ、宗教としての自殺だよ。

武田　ほう。

渡辺喜美守護霊　あれは、もう、やめなさい。あれは削除《さくじょ》して廃刊《はいかん》だ。

武田　削除？　霊的真実をご存じで、おっしゃっているのですか。

渡辺喜美守護霊　霊的真実は、「渡辺喜美が伊邪那岐大神なんだ」ということに……。

武田　いえいえいえいえ。

渡辺喜美守護霊　そうしたら、栃木県で、君らと、総本山の共同体ができるじゃないか。総本山の神が、伊邪那岐大神でいいじゃないの？　日本の神で、太陽神の親。これで、どうだ？

武田　「そうでありたい」というお話は、分かったのですけれども……。

渡辺喜美守護霊　うーん。

石川　例えば、北条《ほうじょう》家の家臣などですか。

渡辺喜美守護霊　うーん。君、ずいぶん格を落としてきたなあ。

石川　いえいえ。

渡辺喜美守護霊　天照大神を叱《しか》れる人っていったら、伊邪那岐大神じゃないか。ねえ？

武田　うーん。まあ、そうかもしれませんけれども……。

渡辺喜美守護霊　だから、「千葉に大学を移すなんて、なんという罰当《ばち》たりなことを考えたか！　栃木に据《す》え置け！」と言ってるんだ。

武田　あなた様の時代の……。

渡辺喜美守護霊　今なら、まだ中止にできるんじゃないか。

武田　いえいえ、もう、かなり進んでおりますので。

渡辺喜美守護霊　中止して、こっちへ持ってこんかな。

過去世《かこぜ》における「幸福の科学との縁《えん》」が必要？

石川　過去世《かこぜ》でも、栃木あたりに地縁《ちえん》がおありなのですか。

渡辺喜美守護霊　過去世を言うか。〝過去世の栃木〟は、何もない所だからなあ。いや、今は栃木だが、過去世は、ちょっと違うかもしらんなあ。

武田　どこでしょう？

渡辺喜美守護霊　（舌打ち）うーん。過去世は、難しいなあ。やっぱり、ここはもう、栃木が駄目なら、徳島にしよう！

武田　いや、「しよう！」とか、そういう問題ではなくて……。

渡辺喜美守護霊　徳島には、偉い人が、誰《だれ》かおらんかったかのう？

武田　いやいやいやいや。

渡辺喜美守護霊　ん？

武田　真実をおっしゃってください。

渡辺喜美守護霊　徳島には偉い人がおらんのだなあ。あっ、坂本龍馬《さかもとりょうま》の父親だったんじゃないか。そんな気がするなあ。駄目か。

武田　駄目ですね。

渡辺喜美守護霊　駄目か。それでも駄目か。もう（舌打ち）。

石川　南のほうに、お生まれになったのですか。

渡辺喜美守護霊　うーん。栃木じゃないような気がするなあ。うーん。君らと、何か縁がないといかんのだ。とにかく、縁をつくってくれぇ！

「西郷隆盛《さいごうたかもり》を過去世《かこぜ》にしてくれ！」と懇願《こんがん》

武田　ちなみに、時代は、いつでしょう？

渡辺喜美守護霊　いや、時代には、いろんな時代があるじゃない？

石川　直近で結構です。

渡辺喜美守護霊　直近の時代は、何だったんだろうなあ。直近の時代は、わし（守護霊）の時代か。

武田　ああ。

渡辺喜美守護霊　そうだな。わしの時代だ。直近は、わしじゃないか。何を言ってるんだ。

武田　何時代でしょう？

渡辺喜美守護霊　直近は、わしだからさあ、直近は、わしは、うーん……。

武田　江戸《えど》でしょうか。

渡辺喜美守護霊　幕末だなあ。

武田　幕末ですか。

渡辺喜美守護霊　うーん。直近は、幕末だ。

武田　どこの？

渡辺喜美守護霊　いちばん偉い人にしてくれよ。

石川　いえいえ。雄藩《ゆうはん》のどこかに生まれていたのですか。薩摩《さつま》や長州《ちょうしゅう》、土佐《とさ》などでしょうか。

渡辺喜美守護霊　ここ（幸福の科学）は、「西郷隆盛《さいごうたかもり》が女になっている」と言ってるらしいじゃないか（注。過去のリーディングで、西郷隆盛は幸福の科学の女性幹部として転生《てんしょう》していることが判明している）。うーん。あんなの、もったいない。

石川　いやいや。

渡辺喜美守護霊　わしにくれ。

武田　（苦笑）

石川　いや。西郷さんは、おそらく、そんなに口が悪くないと思います。

渡辺喜美守護霊　わしの過去世《かこぜ》にしてもらえんかのう。うーん。あかんか。

武田　ええ。あかんですね。

渡辺喜美守護霊　あかん？

武田　あかんです！

渡辺喜美守護霊　あかんとですかあ？

武田　あかんとです！

渡辺喜美守護霊　うーん。あかんかあ……。

武田　はい。

「勝海舟《かつかいしゅう》」「松平容保《まつだいらかたもり》」「二宮尊徳《にのみやそんとく》」と揺《ゆ》れる発言

石川　幕府側ですか。志士側ですか。

渡辺喜美守護霊　うーん……。幕府側じゃ。

武田　幕府側？

渡辺喜美守護霊　チェッ！　チェッ！

武田　幕臣ですか。それとも……。

渡辺喜美守護霊　うーん。

石川　龍馬と会ったことはあります？

渡辺喜美守護霊　勝海舟《かつかいしゅう》も駄目なんだろう？

武田　駄目です。

石川　まあ、厳しいでしょうね。

渡辺喜美守護霊　あれを、使わせてくれんのだろう？（舌打ち）なんぞ、いい者はおらんかいのう。うーん。あっ、いや、やっぱり、大名《だいみょう》だったような気がするね。うんうん。

武田・石川　（笑）

渡辺喜美守護霊　基本的には、大名だったような気がする。

武田　いやあ……。

渡辺喜美守護霊　どうして疑うのよ。協同すると、君たちにとっても、有利になるんだよ？

武田　思いついたようにおっしゃったので……。スパッと出てこないのでしょうかね。

渡辺喜美守護霊　最近、松平容保《まつだいらかたもり》も有名だなあ。あれでもいいわ。

武田　「あれでもいいわ」？　いやあ、それは、真実とは思えないですね。

渡辺喜美守護霊　思えない？

武田　はい。

渡辺喜美守護霊　（舌打ち）うーん、そうだな。

あっ、あのねえ、二宮尊徳《にのみやそんとく》が、栃木の〝村おこし〟に来たんだ。〝村おこし〟に来て、開墾《かいこん》をやったんだよ。桜町《さくらまち》（現在の栃木県真岡《もおか》市）という所を開墾してね。

武田　そうですね。

渡辺喜美守護霊　二宮尊徳と非常に縁があるんだ。わしは、二宮尊徳だったかもしらん。

武田　いやいやいやいや。それは、まずいです。

石川　二宮尊徳に立て直しを頼《たの》んだときの藩主などでしょうか。

渡辺喜美守護霊　いや。二宮尊徳そのものでは、いかんのか？

石川　それは無理ではないですか。

武田　まずいです。

渡辺喜美守護霊　それは無理か。しかし、わしは、財政に明るいぞ。今、やってる仕事は、まさしく、二宮尊徳……。

武田　え？　いや、あまり、お詳《くわ》しくなかったので……。

渡辺喜美守護霊　ええ？

石川　規制緩和《かんわ》なども、全然……。

渡辺喜美守護霊　行政改革して、財政を健全化しようとしてるんだ。どれも、あかんのかあ。

武田　明らかにする名前がないわけですか。

石川　やはり、「名前が遺《のこ》っていない」ということですかね？

渡辺喜美守護霊　いや。つくらないかん！　なかったら、つくればいい！

武田　「名前をつくらなければいけない」ということは、「名前が遺っていない」という結論になってしまうのですけれども……。

名前は分からないが、「大砲《たいほう》」を撃《う》っていた記憶《きおく》がある

石川　では、名前ではなくて、「どの時代に、何をしていたか」だけでも結構です。

渡辺喜美守護霊　わしは、忘れっぽくてなあ。

武田　幕末に、幕府側で、どんなお仕事をされていたのですか。

渡辺喜美守護霊　うーん。うーん。（武田に）君ぃ、一緒《いっしょ》に逃《に》げとらんかったかのう（注。武田の過去世の一つは、榎本武揚《えのもとたけあき》）。なんか、一緒に逃げとったような気も……。

武田　ほう。そうですか。

渡辺喜美守護霊　うーん。なんか、抵抗《ていこう》しとったような気がせんか？　どっかで、やっとったような気がするなあ。

武田　それで、何をされていたのですか。

渡辺喜美守護霊　いや。大砲《たいほう》を撃《う》っとったような気がするんだよなあ。

武田　大砲？　どちらで？

渡辺喜美守護霊　大砲を、どっかで撃っとったような……。

石川　五稜郭《ごりょうかく》などに、逃げていったのですか。

渡辺喜美守護霊　向こうのは、やっぱり、火力が、ちょっと強かったよなあ。

武田　ふーん。

渡辺喜美守護霊　（武田に）〝君〟を生かしてやったのは、わしと違うかなあ。

武田　（苦笑）何という方ですか。

渡辺喜美守護霊　いや、知らん。

武田　知らん？

渡辺喜美守護霊　うーん。それは知らん。

武田　大砲を撃っていたのは事実ですか。

渡辺喜美守護霊　大砲を撃っとったような気がするなあ。

武田　船からですか。それとも、地上からですか。

渡辺喜美守護霊　なんか、大砲を撃っとった記憶《きおく》がある。大砲を撃っとった。何をやったんだろうなあ。

武田　うーん。

渡辺喜美守護霊　あの大砲は、いったい、何だったんだろう？　大砲を撃っとった気がする。

首相になるには「有名な過去世《かこぜ》」でなければならない？

武田　敵は、船ですか。

渡辺喜美守護霊　いや、敵はねえ、陸だったような気がするなあ。

武田　陸ですか。

渡辺喜美守護霊　東北から攻《せ》め上《のぼ》ってきたような感じがするなあ。

武田　東北から攻め上ってきた？

渡辺喜美守護霊　いやあ、江戸のほうからだな。

武田　攻め上ってきた？

渡辺喜美守護霊　江戸のほうから攻め上ってきたやつに、大砲を撃っとったような気が……。

武田　やはり、会津《あいづ》など、あのへんなのではないのですか。

渡辺喜美守護霊　うーん。「奥羽越列藩同盟《おううえつれっぱんどうめい》」があったよなあ？

武田　はい。ありましたね。会津ですか。

渡辺喜美守護霊　なるべく有名な人がいいんだ。

武田　（苦笑）

渡辺喜美守護霊　あっ、河井継之助《かわいつぎのすけ》（幕末の越後長岡藩家老《えちごながおかはんかろう》）なんか、どうだ？　あのへんは、いいと思わんか。

武田　いいえ。今、探されたので（笑）、真実ではないと思います。

渡辺喜美守護霊　あかんかいなあ。

武田　ええ。

渡辺喜美守護霊　首相になるには、有名な人でないといかんのだ。

武田　なるほど。

渡辺喜美守護霊　安倍《あべ》を脅《おど》さないといかん。

武田　では、その当時、奥羽越列藩同盟のどこかの藩で戦っていた、大砲を撃っていた方ということですね?

渡辺喜美守護霊　まあ、「藩主だった」ということにしておこう!（会場笑）

武田　いや、それは難しいですねえ。

石川　藩主は、大砲を撃たないのではないですか。

渡辺喜美守護霊　そうか。

武田　そうですね。

渡辺喜美守護霊　撃たんかのう。

武田　うーん。撃たないと思います。

渡辺喜美守護霊　撃たんか。「撃て！」と言ったことがあるのよ。

石川　「撃て！」と言ったのですね（笑）。「奥羽越列藩同盟《おううえつれっぱん》の雄《ゆう》ということにしてほしい」と希望

武田　そのあとの記憶はございますか。

渡辺喜美守護霊　え？　何が？

武田　その戊辰《ぼしん》戦争のあと、政治家のほうに出たとか……。

渡辺喜美守護霊　うーん。戊辰戦争のあとは記憶がないなあ。

武田　ないですか。なるほど。分かりました。

渡辺喜美守護霊　だから、やっぱり、勇ましく散ったのかなあ。

石川　五稜郭あたりで亡《な》くなられたのですか。

渡辺喜美守護霊　五稜郭までもったかなあ。

武田　行っていないのではないですかね。

渡辺喜美守護霊　行ってないような気がする。奥羽越列藩同盟《おううえつれっぱん》のあたりのところまでしか記憶がないなあ。

武田　はい。分かりました。

石川「幕臣の、どなただった」という感じでしょうかね?

渡辺喜美守護霊　うーん。いや、そういえば、京都守護職の容保《かたもり》には、有名な家老がおったじゃないか。それ、君ぃ。

武田　はあ。

渡辺喜美守護霊　容保の京都守護職に反対して、あのー、西田敏行《にしだとしゆき》が演じた……（NHK大河ドラマ「八重《やえ》の桜《さくら》」）。

武田　西郷頼母《たのも》さんですか。

渡辺喜美守護霊　ああ、そう。（西郷隆盛とは）別の西郷が、もう一人おったじゃないか。

武田　いや。あの方は、いちおう戊辰戦争のあとも生き残っていますから違います。

渡辺喜美守護霊　あ、そうか。じゃあ、あかんなあ（舌打ち）。

武田　（笑）（会場笑）

渡辺喜美守護霊　わしは、勉強が足りんのだ。

武田　残念です。

渡辺喜美守護霊　早稲田《わせだ》の政経は、なんで歴史をちゃんとやらんのだ。無名になってしもうたじゃないか。

武田　今日は、本当にユニークなお話を……。

渡辺喜美守護霊　とにかくだなあ、「奥羽越列藩同盟の雄《ゆう》であった」ということでいいか?

武田　分かりました。結構でございます。

渡辺喜美守護霊　うん。

武田　本日は、非常に面白《おもしろ》い話をたくさん頂きまして、ありがとうございました。

渡辺喜美守護霊　うん。

石川　ありがとうございました。

8　信仰心《しんこうしん》の高まりに期待したい

「みんなの党」が強い栃木県《とちぎけん》は〝渡辺さんの県〟

大川隆法　（手を二回打つ）こんな人でした。

みんなの党（YOUR《ユア》 PARTY《パーティー》）が、いずれ、〝MY《マイ》 PARTY《パーティー》〟に変わり、どこかで蒸発したり吸収されたりすると、渡辺さんも似たような運命になるかもしれません。

まあ、「仲良くしたい」とは思っています。

幸福実現党は栃木《とちぎ》県でも頑張《がんば》りたいのですが、渡辺さんが強すぎて、「みんなの党」に荒《あ》らされまくっており、うちが候補者を立てても票が入らなくて、困っているのです。あそこの人たちは〝渡辺党〟ですね。

武田　ええ。強い地盤《じばん》です。

大川隆法　あそこは〝渡辺さんの県〟なのです。だから、あちらでは、「みんなの党」に票が入ってしまい、幸福実現党は票を入れてもらえないのです。当会の総本山があるのに票が入らないので、困っています。あそこの人たちには、宗教と政治を分けている感じがありますね。

「維新《いしん》」と「みんなの党」がこのまま消えるのは惜《お》しい

大川隆法　むしろ、何とかして、「みんなの党」を幸福実現党に吸収したほうがよいのではないでしょうか。

渡辺さんは、「みんなの党」の議員を連れてきて、幸福実現党に帰依《きえ》してはどうでしょう。本当にそう思います。過去世《かこぜ》で「名前」のある釈《しゃく》さんに、お仕えしたらよいのではないでしょうか（前掲《ぜんけい》『釈量子の守護霊霊言』参照）。そうしたら、大きくなって、安倍《あべ》さんとも戦えるかもしれません。

「みんなの党」なんて、もう、続けなくてもよいでしょう。幸福実現党に入ったら、どうでしょうか。

武田　ぜひお勧《すす》めしたいところです。

大川隆法　「維新《いしん》」も、もう早めに解体してはどうでしょうか。沖縄《おきなわ》問題が解決しない限り、道州制はありえないので、今のところ、「維新」に存在根拠《こんきょ》はないのです。

だから、もうそろそろ、「維新」と「みんなの党」を幸福実現党で吸収したほうがよいでしょう。この両党には、どう見ても、もう先がありません。このまま消えるのであれば、惜《お》しいと思います。どうせ消えるのなら、吸収してあげたいですね。「みんなの党」は、事務所を開《ひら》けないで困っているらしいし、「維新」なんか、候補者が自分でお金を持ってこなくてはいけない、かわいそうな党なので、〝M&A〟をしてしまったほうが早いでしょう。

ここは、ひとつ、信仰心《しんこうしん》を高められてはいかがでしょうか。当会の総本山・那須精《なすしょう》舎《じゃ》や総本山・正心館《しょうしんかん》に来たことがあるのであれば、ぜひ考えていただきたいものです。

ということで、残念ながら、豊臣秀吉《とよとみひでよし》にも、松平容保《まつだいらかたもり》にも、西郷隆盛《さいごうたかもり》にもなれませんでしたが、まあ、「『東北の雄《ゆう》』であったらしい。『大砲《たいほう》を撃《う》て！』と命じていたらしい」ということだけは分かりました。

ありがとうございました（手を一回打つ）。

武田　はい。ありがとうございました。

あとがき

自民党の安倍総理の「透明マント」を着ている感じや、菅《すが》官房長官の「昼あんどん答弁」を聞いていると、みんなの党の渡辺代表は、破れかぶれで言いたいことを言い続けられるところが面白い。

行革は、基本的に緊縮財政型になりやすいので、「アベノミクス」と世間で言われているものが失速しない限り、勝目は見えない。かといって、左に寄りすぎて、民主党の二の舞にはなりたくないだろう。ここにみんなの党の悩みがある。沖縄地方政府（?）の日本からの独立運動を見て、今、道州制や地方分権が、日本の国防や経済発展に結びつくと考える人は少なかろう。共感を得られるのは村おこし、町おこし、〈くまモン〉に対抗しての〈よしミン〉を売り出すあたりか。

心情的には共感できるが、霊言から伝わる「未来」は焦《あせ》りと不透明感に満ちていた。

二〇一三年　八月二十日

幸福実現党総裁《こうふくじつげんとうそうさい》　大川隆法《おおかわりゅうほう》

『みんなの党は誰の党？』大川隆法著作関連書籍

『幸福の科学興国論』（幸福の科学出版刊）
『新・日本国憲法 試案』（同右）
『そして誰もいなくなった
　――公開霊言 社民党 福島瑞穂党首へのレクイエム――』（同右）
『共産主義批判の常識
　――日本共産党 志位委員長守護霊に直撃インタビュー――』（同右）
『「河野談話」「村山談話」を斬る！』（同右）
『「首相公邸の幽霊」の正体』（同右）
『公明党が勝利する理由――山口代表 守護霊インタビュー――』（幸福実現党刊）
『海江田万里・後悔は海よりも深く――民主党は浮上するか――』（同右）
『徹底霊査 橋下徹は宰相の器か』（同右）

『守護霊インタビュー　石原慎太郎の本音炸裂』（同右）
『スピリチュアル党首討論――安倍自民党総裁 vs. 立木幸福実現党党首――』（同右）
『安倍新総理スピリチュアル・インタビュー』（同右）
『釈量子の守護霊霊言』（同右）

※左記は書店では取り扱っておりません。最寄りの精舎・支部・拠点までお問い合わせください。
『法戦の時は来たれり』（幸福実現党刊）
『大川隆法霊言全集　第17巻　谷口雅春の霊言①』（宗教法人幸福の科学刊）

みんなの党《とう》は誰《だれ》の党《とう》？

―渡辺喜美代表守護霊・破れかぶれインタビュー―

2013年8月31日　初版第1刷

著　者　　大《おお》川《かわ》隆《りゅう》法《ほう》

発　行　　幸福実現党

〒107-0052 東京都港区赤坂2丁目10番8号

TEL(03)6441-0754

発　売　　幸福の科学出版株式会社

〒107-0052 東京都港区赤坂2丁目10番14号

TEL(03)5573-7700

http://www.irhpress.co.jp/

印刷・製本　株式会社 東京研文社

落丁・乱丁本はおとりかえいたします

ISBN978-4-86395-382-6 C0030

写真：時事

大川隆法 霊言シリーズ・党首等の守護霊インタビュー

釈量子の守護霊霊言

目からウロコ！ 幸福実現党の新党首の秘密

めざすは、日本初の女性総理!? 守護霊が語った日本政治の問題点と打開策、そして新党首就任の思いと抱負。驚きの過去世も大公開。

【幸福実現党刊】

1,400円

誰もが知りたい 菅《すが》義《よし》偉《ひで》官房長官の本音

名参謀のスピリチュアル・トーク

今後の政権運営から、自民党の苦しい内情まで。安倍政権「陰のキーパーソン」の、決して明かさない本音が語られる。また、衝撃の過去世とは!?

【幸福実現党刊】

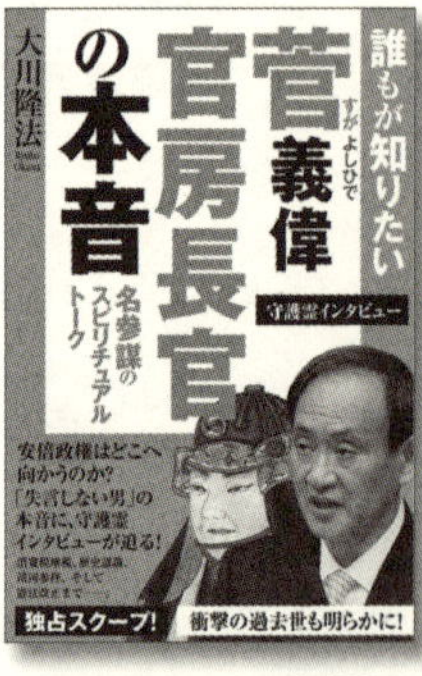

1,400円

海江田万里・後悔は海よりも深く

民主党《タイタニック》は浮上するか

本音は保守？ 安倍政権の経済政策は批判できない？ 経済評論家としても知られる民主党・海江田代表の、矛盾を抱えた苦悩が明らかに。

【幸福実現党刊】

1,400円

※表示価格は本体価格（税別）です。

公明党が勝利する理由

山口代表 守護霊インタビュー

公明党は、政権与党で何をしてくれるのか？ 選挙戦略の秘訣から創価学会との関係、そして外交・国防、憲法改正等、山口代表の本音に直撃!
【幸福実現党刊】

1,400円

共産主義批判の常識

日本共産党 志位委員長守護霊に直撃インタビュー

暴力革命の肯定と一党独裁、天皇制廃止、自衛隊は共産党軍へ――。共産党トップが考える、驚愕の「平等社会」とは。共産主義思想を徹底検証する。

1,400円

そして誰もいなくなった

公開霊言
社民党 福島瑞《みず》穂《ほ》党首へのレクイエム

増税、社会保障、拉致問題、従軍慰安婦、原発、国防――。守護霊インタビューで明らかになる「国家解体論者」の恐るべき真意。

1,400円

大川隆法 霊言シリーズ・正しい歴史認識を求めて

「河野談話」「村山談話」を斬る！
日本を転落させた歴史認識

根拠なき歴史認識で、これ以上日本が謝る必要などない!!　守護霊インタビューで明らかになった、驚愕の新証言。「大川談話（私案）」も収録。

1,400円

安重根は韓国の英雄か、それとも悪魔か
安重根 & 朴《パク》槿《ク》惠《ネ》大統領守護霊の霊言

なぜ韓国は、中国にすり寄るのか？　従軍慰安婦の次は、安重根像の設置を打ち出す朴槿惠・韓国大統領の恐るべき真意が明らかに。

1,400円

神に誓って「従軍慰安婦」は実在したか

いまこそ、「歴史認識」というウソの連鎖を断つ！　元従軍慰安婦を名乗る2人の守護霊インタビューを刊行！　慰安婦問題に隠された驚くべき陰謀とは⁉
【幸福実現党刊】

1,400円

※表示価格は本体価格（税別）です。

大川隆法霊言シリーズ・正しい歴史認識を求めて

「首相公邸の幽霊」の正体

東條英機・近衛文麿・廣田弘毅、日本を叱る！

その正体は、日本を憂う先の大戦時の歴代総理だった！ 日本の行く末を案じる彼らの悲痛な声が語られる。安倍総理の守護霊インタビューも収録。

1,400円

原爆投下は人類への罪か？

公開霊言 トルーマン ＆ F・ルーズベルトの新証言

なぜ、終戦間際に、アメリカは日本に2度も原爆を落としたのか？「憲法改正」を語る上で避けては通れない難題に「公開霊言」が挑む。
【幸福実現党刊】

1,400円

公開霊言 東條英機、「大東亜戦争の真実」を語る

戦争責任、靖国参拝、憲法改正……。他国からの不当な内政干渉にモノ言えぬ日本。正しい歴史認識を求めて、東條英機が先の大戦の真相を語る。
【幸福実現党刊】

1,400円

大川隆法 霊言シリーズ・最新刊

トーマス・エジソンの未来科学リーディング

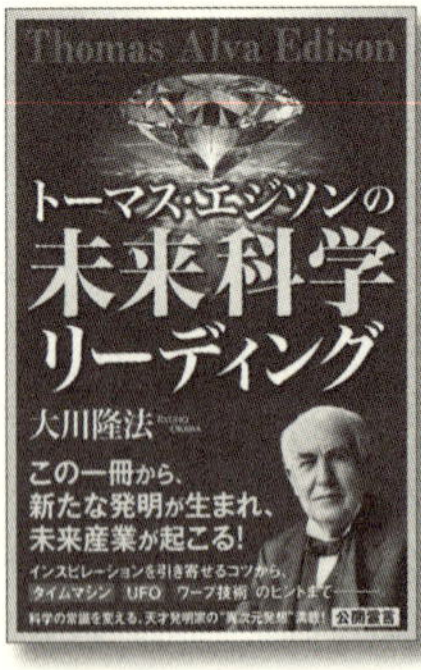

タイムマシン、ワープ、UFO技術の秘密に迫る、天才発明家の異次元発想が満載! 未来科学を解き明かす鍵は、スピリチュアルな世界にある。

1,500円

イエス・キリストに聞く「同性婚問題」

性と愛を巡って

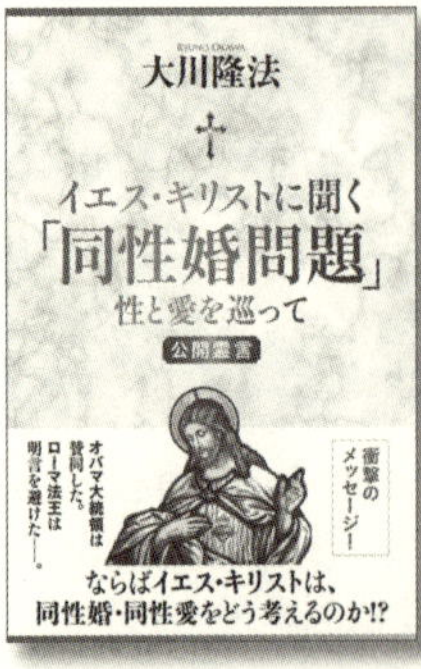

時代の揺らぎか? 新しい愛のカタチか? 同性婚や同性愛は、果たして宗教的に認められるのか――。天上界から語られる、イエスの衝撃のメッセージ。

1,400円

真の参謀の条件

天才軍師・張良の霊言

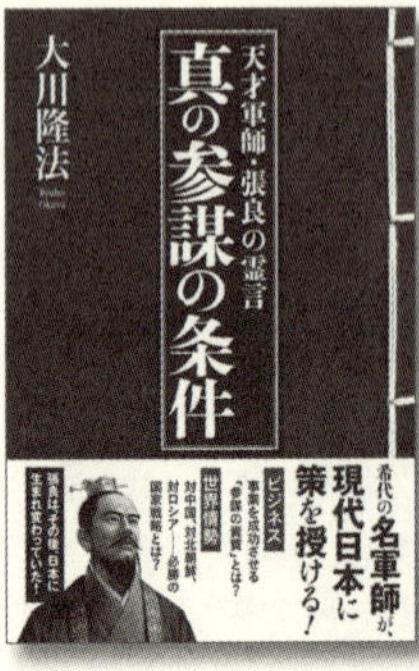

「一国平和主義」を脱しなければ、日本に未来はない。劉邦を支えた名軍師が、日本外交&国防の問題点を鋭く指摘。日本の危機管理にアドバイス。
【幸福実現党刊】

1,400円

※表示価格は本体価格(税別)です。

大川隆法ベストセラーズ・世界で活躍する宗教家の本音

大川隆法の守護霊霊言

ユートピア実現への挑戦

あの世の存在証明による霊性革命、
正論と神仏の正義による政治革命。
幸福の科学グループ創始者兼総裁
の本心が、ついに明かされる。

1,400円

政治革命家・大川隆法

幸福実現党の父

未来が見える。嘘をつかない。タブー
に挑戦する——。政治の問題を鋭く
指摘し、具体的な打開策を唱える幸福
実現党の魅力が分かる万人必読の書。

1,400円

素顔の大川隆法

素朴な疑問からドキッとするテーマま
で、女性編集長3人の質問に気さくに
答えた、101分公開ロングインタビュー。
大注目の宗教家が、その本音を明かす。

1,300円